W0062229

Knaur.

Knaur.

Über den Autor:
Reinhard Habeck wurde 1962 in Wien geboren. Er arbeitet seit 20 Jahren als freier Schriftsteller und Illustrator. Habeck ist Mitinitiator der großen Wanderausstellung »Unsolved Mysteries«, die seit 2001 Hunderte mysteriöse archäologische Sammlerstücke aus aller Welt präsentiert. Der Autor veröffentlichte bisher 15 grenzwissenschaftliche Sachbücher, die in mehrere Sprachen übersetzt wurden.

Reinhard Habeck

DINGE,
die es nicht geben dürfte

Mysteriöse Funde aus aller Welt

KNAUR TASCHENBUCH VERLAG

Besuchen Sie uns im Internet:
www.knaur.de

Vollständige Taschenbuchausgabe Juni 2010
Knaur Taschenbuch. Ein Unternehmen der Droemerschen Verlagsanstalt
Th. Knaur Nachf. GmbH & Co. KG, München.
Copyright © 2008 by Verlag Carl Ueberreuter, Wien
Alle Rechte vorbehalten. Das Werk darf – auch teilweise –
nur mit Genehmigung des Verlags wiedergegeben werden.
Umschlaggestaltung: ZERO Werbeagentur, München
Umschlagabbildung: Familie Milton Arno Leof, Mexiko City /
Nachlass Peter Krassa, Wien bzw. Reinhard Habeck
Satz: Adobe InDesign im Verlag
Druck und Bindung: GGP Media GmbH, Pößneck
Printed in Germany
ISBN 978-3-426-78276-7

2   4   5   3   1

Inhalt

Zum Anstoß

Um 300 v.Chr. lebte in Ägypten der Priester und Geschichts-
schreiber *Manetho*. Er verfasste die dreibändige »Chronika«, die
bis auf wenige Bruchstücke verschollen ist. Dem Himmel sei ge-
dankt, dass andere Historiker vor 2000 Jahren größere Teile der
»Chronika« übernahmen, darunter *Flavius Josephus, Sextus Ju-
lius Africanus* und insbesondere der Kirchenfürst *Eusebius*. Dieser war im Jahre 315 Bischof von Caesarea. Eusebius verfasste
nicht nur die junge Kirchengeschichte, sondern zitierte in seinen
Werken ausgiebig aus Manethos »Chronika«.

Da liest man von vorgeschichtlichen Königtümern, die in der
modernen Ägyptologie nicht existieren. Am Anfang hätten
»Totengeister« und »Göttersprösslinge« über Ägypten geherrscht.
Der erste habe *Menes der Thynite* geheißen, es folgen Namen
wie Hephaistos (der das Feuer gebracht habe), Chronos, Osiris,
Tiphon, Horus usw., und schließlich vermerkt Eusebius – Bezug
nehmend auf die Daten von Manetho –, die ersten sechs Dynasti-
en hätten insgesamt zwei Myriaden und 4900 Jahre geherrscht.
Er meint *Mond*jahre, wie er selber vermerkt.

In *Sonnen*jahren ergibt dies 24 925 Jahre. Ähnlich »unmögliche«
Zahlen tauchen beim antiken Historiker *Diodor von Sizilien* auf,
der schreibt: »Von Osiris und Isis bis zur Herrschaft Alexanders
seien mehr als 10 000 Jahre verflossen, wie einige aber schreiben,
nur ein Geringeres weniger als 23 000 Jahre.« Und auch der Vater der Geschichtsschreibung, der Grieche *Herodot*, der vor rund

2500 Jahren in Ägypten weilte, vermerkt: »Auf Menes folgten 330 Könige, deren Namen die Priester aus einem Buche vorlasen.« Ganz abgesehen von den 11 340 Jahren, über die Herodot im »zweiten Buch der Historien« schreibt. (Kap. 141 u. 142) Damals – so Herodot – seien die Götter auf der Erde gewesen, und seither seien sie nicht mehr aufgetaucht. All dies existiert für die Ägyptologie nicht.

Auf der sumerischen Königsliste »WB444«, einem gravierten Steinblock, der im British Museum in London zu bestaunen ist, herrschten von der Erschaffung der Welt bis zur großen Flut zehn Urkönige. Diese regierten insgesamt 456 000 Jahre. Nach der Flut »stieg das Königtum abermals vom Himmel hernieder«. Es scheint ihnen auf dem blauen Planeten gefallen zu haben. Die 23 Könige, die sich nach der Flut auf dem Herrscherthron abwechselten, brachten es gemeinsam immerhin noch auf eine Regierungszeit von 24 510 Jahren, drei Monaten und dreieinhalb Tagen. Um Mondjahre kann es sich diesmal *nicht* gehandelt haben, denn die Monate sind separat aufgeführt. Mit diesen unstimmigen Daten tauchen mehr und mehr Funde auf, die das mühsam zusammengeklebte Archäologenwerk durcheinanderwirbeln.

Aus den Löchern unter dem Gizeh-Plateau beginnt es zu dampfen, auch wenn die diktatorische Altertumsverwaltung in Kairo alles mit dem Siegel der Geheimhaltung verklebt. Man fürchtet das Auftauchen von Schriften oder Gegenständen, welche die heilige Kuh der Chronologie durcheinanderbringen. Doch die liegt ohnehin in den letzten Zügen, wie Funde aus der Türkei belegen.

Dort, auf dem Hügel des *Göbekli Tepe* (Nadelberg) im südostanatolischen Bergland bei Sanliurfa, wird eine monumentale Anlage freigelegt, die gute 6000 Jahre älter ist als die Pyramide von Gizeh. Bei den Erbauern des Göbekli Tepe kann es sich schwerlich um primitive Steinzeit-Heinis gehandelt haben, denn sie bewegten 50 Tonnen schwere Blöcke. Und sie beherrschten so etwas wie eine Schrift. Der Grabungsleiter *Klaus Schmidt* vermerkte: »Hier wollten Menschen zukünftigen Menschen etwas mitteilen.« (»Sonntags Zeitung«, Zürich, 22. Januar 2006) Auf den Pfeilern wurden Symbole entdeckt – Kreise, Scheiben, Halbmonde, stehende und liegende »H«. Dann Winkelreihen oder waagrechte Balken, die bewusst zu bestimmten Frequenzen zusammengefügt worden waren. So etwa taucht das H-Zeichen auf »Pfeiler 33« gleich zweimal in einem Reliefband auf.

Und das Erstaunlichste: Das Heiligtum auf dem Göbekli Tepe wurde nicht durch die Zeiten zerstört, ist nicht durch Erosion und Winde kaputtgegangen, sondern es ist regelrecht beerdigt worden. Die damaligen Menschen selbst deckten ihre Anlage mit Geröll und Erde zu. Sie müssen gewusst oder zumindest gehofft haben, dass ihre Botschaft Jahrtausende später ans Licht kommt.

Mit unserer Vergangenheit stimmt etwas nicht. Was die Daten aussagen, deckt sich mit vielen kuriosen Gegenständen, über die in diesem Buch akribisch berichtet wird. Dabei geht es um Artefakte, die in einer natürlichen Evolutionskette keinen Platz haben. Es gibt nicht nur eine biologische, sondern auch eine technologische Evolution. Ein Auto von heute ist raffinierter als eines von vor dreißig Jahren. Man hat dazugelernt. Die klassische Archäologie schweigt über die unmöglichen Objekte, hat nichts dazu zu sagen, verschließt die Augen vor dieser fantastischen Wirklichkeit.

Als *Reinhard Habeck* mich fragte, ob ich Lust auf ein kurzes Vorwort zu seinem neuen brisanten Buch habe, sagte ich sofort zu. Schließlich bin ich Mitglied des internationalen PEN-Clubs, einer Vereinigung, die sich für die freie Rede und das freie geschriebene Wort einsetzt. Kontroversen und Debatten sind gut und dienen der Erkenntnis. Ich wehre mich gegen das Gezeter von Archäologen und anderen »vernünftigen« Menschen, die Fakten unter den Tisch kehren, weil sie »unvernünftig« seien. Der Ärger irgendeiner Fachgruppe darf niemals der Maßstab dafür sein, was diskutabel ist. Kein Mensch kann erwarten, dass einer etwas für unfehlbar richtig halten muss, weil ein anderer es für richtig hält. Eine Gesellschaft, die Denk- und Publikationsverbote errichtet, schreitet schnurstracks in die Meinungsdiktatur. Deshalb sind Bücher wie *»Dinge, die es nicht geben dürfte«* wichtige Beiträge zur Wandlung eines verstaubten Weltbilds.

Wie sagte der polnische Spötter *Stanislaw Lec* (1909–1966)? »Alle Götter *waren* unsterblich«! Auch die der Gegenwart.

ERICH von Däniken

Erich von Däniken

Vorspann: Sesam, öffne dich!

»Der große Feind der Wissenschaft ist nicht der Irrtum,
sondern die Faulheit.«
HENRY THOMAS BUCKLE (1821–1862)

Mein Briefträger kommt der vielen Pakete wegen manchmal ins
Schwitzen. Der gute Mann hat viel zu tun. Neben unerwünschter
Reklame und lästigen Zahlscheinen erhalte ich regelmäßig erfri-
schende Zuschriften aus aller Welt. Ein Segen, denn Einsamkeit
ist mir dadurch fremd. Für noch mehr Nachrichtenflut sorgt meine elektronische E-Mail-Pforte. Hier erreichen mich fast täglich
Anfragen bezüglich meiner Bücher. Was mich dabei freut und zu
neuen Taten motiviert: Meine Werke werden als dicke Briefe an
Freunde verstanden. Ein gutes Zeichen für jeden Schriftsteller,
beweist doch die üppige Post, dass die veröffentlichte Lektüre
nicht nur gedruckt, sondern auch gelesen wird. Und welcher
Autor möchte schon, dass seine Publikationen im Regal verstauben?
Leser und Leserinnen stellen berechtigte Fragen, tadeln mit wohl-
gemeinter Kritik, versprühen Lob oder schildern mir freimütig
ihre grenzwissenschaftlichen Erfahrungen. Das ist nicht selbstverständlich, denn man fürchtet zu Recht negative Reaktionen
der Umwelt, ihren Spott und Hohn. Nur gegenüber Gleichgesinn-
ten öffnet man Herz und Verstand. Hier bin ich seit Jahren An-
sprechpartner für Grenzgänger, die mit unerklärlichen Phänome-
nen konfrontiert werden. Für dieses Vertrauen bin ich sehr dankbar. Gleichzeitig zwickt mich mein enges Zeitkorsett. Schande
über mein Haupt, aber ich schaffe es leider nicht immer, wunsch-
gemäß und prompt allen Bitten nachzukommen.

Manche Fragen werden mir des Öfteren gestellt: Was wurde aus der sensationellen Ausstellung »Unsolved Mysteries – Die Welt des Unerklärlichen«? Ist sie zur Zeit auf Tour? Wann und wo können die archäologischen Rätselfunde wieder im Original besichtigt werden?

Die Vorgeschichte: Im April 1998 erhielt ich einen Anruf von *Klaus Dona*, einem eifrigen Kulturmanager aus Tirol, der in Wien lebt. Mein Buch »Das Unerklärliche« hatte ihn dazu bewogen, mich für die Vorbereitung einer großen Mystery-Schau anzuheuern. Meine Aufgabe bestand darin, jene Exponate chronologisch aufzulisten, die als Ausstellungsstücke in Frage kämen. Ebenso sollte ich die textliche Grundlage dafür schaffen, dass ein interessiertes Publikum anschaulich durch »Das Labyrinth des Unerklärlichen« geführt werden kann.

Gemeinsam erarbeiteten wir ein Konzept und wurden dabei von *Willibald Katzinger*, dem Direktor des Linzer Nordico-City-Museums tatkräftig unterstützt. Der Historiker übernahm den wissenschaftlichen Beirat und die offiziellen Leihansuchen an Museen in aller Welt, die nach meinen Informationen im Besitz mysteriöser Exponate sind. Dann folgte die Ernüchterung: Nahezu alle Anfragen wurden mit teils fadenscheiniger Begründung abgelehnt. Die Kuratoren nahmen – stellvertretend für die wissenschaftliche Welt – für sich in Anspruch, darüber zu entscheiden, in welchem Rahmen ihre Fundstücke gezeigt werden dürfen und in welchem nicht.

Das gilt besonders für bizarre Gegenstände, die nicht ins vertraute Schema passen und für die eine gesicherte Klassifizierung bis heute fehlt. Solche »Störfaktoren« gibt es jede Menge. Öffentlich zur Schau stellen will man sie nicht. Erst recht nicht, wenn man selbst als fachkundiger Museumsexperte ratlos ist und das Aufgefundene nur vage mit der Alibierklärung »wahrscheinlich kultischer Verwendungszweck« umschrieben wird. Viele unliebsame

Kunstschätze landen deshalb vorschnell in dunklen Kellerarchiven und Depots. Manche Objekte wurden wegen ihrer unverstandenen Symbolik als mutmaßliche »Fälschung« deklariert, obwohl sie offiziell nach wie vor als »unerforscht« gelten. Wenn etwas gar nicht untersucht worden ist, wie lässt sich dann die Behauptung einer betrügerischen Absicht rechtfertigen? Die herkömmliche Wissenschaft muss sich mit dieser Vorgehensweise den Vorwurf gefallen lassen, dass sie Funde und Erkenntnisse, die dem gegenwärtigen Weltbild widersprechen, verschleiert, verschweigt oder unterdrückt.

Allen Unkenrufen zum Trotz überwindet Beharrlichkeit alles. Nach mehrjähriger Recherche gelang dem kleinen Team von »Unsolved Mysteries« das scheinbar Unmögliche. Nicht zwei, drei Exponate, nein Hunderte geheimnisvolle Funde konnten erstmalig aus Museen und Privatsammlungen zusammengetragen werden: Kristallschädel aus Altamerika; prähistorische Hightechgeräte; geheimnisvolle Schriftzeugnisse fremder Völker; groteske Figuren unbekannter Vorzeit-Kulturen; verschollen geglaubte Metallplatten der Pater-Crespi-Kollektion in Ecuador; menschliche Spuren und Werkzeuge aus der Dinosaurierepoche und viele andere Rätsel, die den gesunden Menschenverstand verwirren. Jedes dieser Stücke wirft unbequeme Fragen auf: Wie alt ist die Menschheit? Stimmen die aktuellen Datierungen? Was wissen wir wirklich über unsere Ahnen? Waren sie weit fortschrittlicher, als wir ihnen zugestehen?

Im Juni 2001 hatten interessierte Zeitgenossen die Möglichkeit, die strittigen Originalexponate persönlich in Augenschein zu nehmen. Auf zwei unterirdischen Ebenen aus dem Mittelalter bot das »Vienna Art Center« im Schottenstift in *Wien* den idealen mystischen Schauplatz für die letzten Geheimnisse der Archäologie. Egal ob vorwitzige Skeptiker, aufmerksame Wissenschaftler oder Freunde des Fantastischen, jeder Gast wurde herausgefordert, sich über das Gesehene seine Gedanken zu machen. Vergleichbares hatte es bis dahin weltweit noch nie gegeben. Mit 100 000 Besuchern war die Premiere von »Unsolved Mysteries« ein respektabler Publikumserfolg.

Im Jahr 2004 wanderte die Ausstellung nach *Interlaken* ins idyllische Berner Oberland der Schweiz, wo die Unikate die Besucher ebenfalls in ihren Bann zogen. Nur ein Jahr später übersiedelten die archäologischen Anomalien erstmals nach Deutschland. *Berlin-Kreuzberg* mit seinem neuen Kulturzentrum am Kottbusser Tor schien dafür der geeignete Präsentationsort zu sein. Zum großen Bedauern der Initiatoren wurden die organisatorischen Erwartungen vor Ort nicht erfüllt. Nach nur wenigen Wochen musste die Ausstellung leider kurzfristig abgebrochen werden. Inzwischen sieht die Zukunft für das ehrgeizige Projekt »Unsolved Mysteries« wieder rosiger aus. Die »Schreckgespenster der Wissenschaft« befinden sich derzeit auf Asien-Tour und können in Südkorea bestaunt werden. Im Anschluss daran führt die Wanderausstellung voraussichtlich nach Japan. Zu einem späteren Zeitpunkt sollen die außergewöhnlichen Schaustücke dann wieder in Europa besichtigt werden können.

Auf den folgenden Seiten lade ich meine neugierigen Leser und Leserinnen dazu ein, mit mir eine spannende Zeitreise zu unternehmen, hin zu den ungelösten Geheimnissen und sagenhaften Schätzen aus ferner Vergangenheit. Eine kleine persönliche Auswahl von 13 herausragenden Beispielen zwingt zum Staunen und Nachdenken. Es sind durchweg merkwürdige Entdeckungen, die wegen ihrer Altersdatierung, raffinierten Technik oder fremdartigen Charakteristik ein bisher unbekanntes Kapitel der Menschheitsgeschichte offenbaren.

Die spektakulären Funde machen deutlich, dass manches nicht stimmen kann, was uns Historiker weismachen wollen. Und dass der Weg des Menschen, mit all seinen Irrtümern und Errungenschaften, doch in vielen Bereichen anders verlaufen sein muss, als uns die Wissenschaft bisher lehrt. Die 13 Kapitel zeigen eine Reihe »unmöglicher« Dinge auf, die es eigentlich gar nicht geben dürfte.

Warum aber gibt es sie dann?

Reinhard Habeck

Der erschossene Neandertaler

»Das Denken ist zwar allen Menschen erlaubt,
aber vielen bleibt es erspart.«
CURT GOETZ (1888–1960)

Welche Schusswaffe
verursachte ein kleines, rundes Loch
auf einem Schädelfossil?

Fundort: 1921 entdeckt vom Schweizer Bergmann Thomas Zwigelaar in 18 Meter Tiefe eines Zink- und Eisenbergwerks in Broken Hill, Nordrhodesien, heute Kabwe in Sambia.

Besonderheit: Der Schädel hat auf der linken Seite ein fein abgegrenztes Loch, das wie eine Schusswunde aussieht. Direkt gegenüber ist er zerschmettert, so als sei ein Projektil wieder aus dem Kopf ausgetreten. Forensiker bestätigen, dass die Verletzungen nicht von einem Pfeil oder Speer herrühren können. Allem Anschein nach sind beide Löcher durch ein Hochgeschwindigkeitsgeschoss verursacht worden.

Alter: Neue Analysen datieren die Knochen auf ein Alter zwischen 130 000 und 300 000 Jahre.

Aufbewahrung: Natural History Museum, London; ein ähnliches Einschussloch zeigt der prähistorische Schädel eines ausgestorbenen Bisons, der im Museum für Paläontologie in Moskau aufbewahrt wird.

Wie sind wir geworden, was wir sind? Der Mensch stamme von affenartigen Primaten ab, heißt es. Aber wie hat sich aus dieser Gattung der *intelligente* Mensch herausgebildet? Gemäß der Abstammungstheorie hatte vor fünf bis sieben Millionen Jahren eine Gruppe von Menschenaffen eine geniale Idee: Auf den Bäumen gefiel es ihnen nicht mehr, sie stiegen herunter, richteten sich auf und verließen als Zweibeiner ihren ursprünglichen Lebensraum.

Was unmittelbar davor geschah, weiß man nicht. Für viele Millionen Jahre klafft ein großes Loch in unserer Ahnentafel. Geht man Jahrmillionen weiter zurück in die Urzeit, stoßen wir auf Primaten, die Vorfahren des Menschen und früherer Menschenaffen sein *könnten*. Aber warum folgten nicht alle dem Beispiel der Evolution? Einige Vertreter der Familie Menschenaffe verweigerten den aufrechten Gang. Sie blieben lieber Baumhocker. In tropischen Ländern machen sie das noch heute. Wieso haben sich diese lebenden Primaten nicht weiterentwickelt?

Evolutionsforscher stellen die Entstehung von Arten gerne als Stammbaum mit Verzweigungen dar. Ein einheitliches Modell gibt es nicht. Die Fossilien werden von Wissenschaftlern sehr unterschiedlich beurteilt. Jeder neue Knochenfund kann den Stammbaum des Menschen ordentlich durcheinanderwirbeln, wie das jüngste Beispiel des *Homo floresiensis* aus Indonesien beweist. Noch vor wenigen Jahren hätte jeder Paläontologe die Existenz dieser nur 90 Zentimeter großen Menschengattung für Unsinn gehalten. Die entdeckten Überreste bewiesen: Bis vor 12 000 Jahren bevölkerten »Hobbits« die Erde. Und sie waren nicht die einzige Menschenart. Unser Stammbaum, dessen Gipfel die »Krone der Schöpfung« ziert, gleicht eher einem wildwüchsigen Busch mit herausgerissenen Ästen.

Die Vielfalt der menschlichen Familie ist beachtlich. Wer jedoch aus wem entstand, lässt sich nicht genau belegen. Paläontologen können zwar Vergleiche der Anatomie und der Erbgutanalysen anstellen, aber solange die an den Verzweigungen liegenden gemeinsamen Wurzeln nicht durch Fossilienfunde belegt sind, bleiben sie *hypothetische* Vorfahren. Zur Bestimmung der Abstammungslinien existieren rund 3000 Knochenfundstücke. Das ist nicht viel. Mittlerweile gibt es wohl mehr Fossilienjäger als Forschungsgegenstände.

Faktum ist, wir Superintelligenzler haben als einzige Menschenart überlebt. Vorläufig. Unser Aufstieg begann mit der Erfindung der ersten Steinwerkzeuge vor rund 2,5 Millionen Jahren. Vor etwa 1,4 Millionen Jahren erfand einer der Urmenschen den *Faustkeil*. Vor 400 000 Jahren, so schätzen Paläontologen, kam der Wurfspeer ins Spiel. Das heißt, eine Million Jahre wurde mit den primitivsten Werkzeugen herumgeklopft, ohne auch nur auf eine einzige kreative neue Idee zu kommen. Ein recht eintöniges Dasein. Das änderte sich schlagartig, als vor rund 100 000 bis höchstens 150 000 Jahren die Form des modernen Menschen auftauchte und sich rasant vom primitiven Steinekratzer zum genialen Pyramidenarchitekten und heutigen Raumfahrttechniker entfaltete. Was das unmittelbare Motiv für diesen gewaltigen Intelligenzsprung war, liegt nach wie vor im Dunkeln. Unbestritten ist, wir sind hoch spezialisiert. Trotzdem könnte der Homo sapiens sapiens eines Tages genauso in der Sackgasse enden wie all die anderen menschlichen Nebenformen und Randerscheinungen vor ihm – vom Homo rudolfensis über Homo erectus bis hin zum *Homo neanderthalensis*. Genetische Analysen von Knochenresten ergaben 1997, dass der Neandertaler kein Stammvater des heutigen Menschen ist. Es findet sich kein Erbgut von ihm im Homo sapiens sapiens. Die bulligen Kollegen entwickelten sich unabhängig von uns, waren 300 000 Jahre lang über ganz Eurasien verbreitet, hatten eine eigene Kultur und wären mit Jeans und T-Shirt in der heutigen Gesellschaft nicht sonderlich aufgefallen. Trotz größerem Gehirnvolumen als der Jetztzeitmensch sind sie vor etwa 30 000 Jahren ausgestorben. Warum, wissen auch Anthropologen nicht.

In letzter Zeit hat sich das Bild vom Stammbaum des Menschen stark verändert. Neue Funde und die Umbenennung bisher bekannter Menschenformen trüben den klaren Blick durchs Dickicht der Hominiden-Familie. Die Meinungsverschiedenheiten der Experten und ihre sich teils widersprechenden Thesen zur Menschwerdung sorgen bei Laien für Irritation. Ob sich die hohen Gelehrten im Stammbaum-Wirrwarr der Menschheitsevolution noch zurechtfinden? Zweifel bleiben. Im Gegensatz zu anderen Wissenschaften gibt es in der Paläontologie keine bestätigenden Experimente. Die evolutionsbiologischen Erklärungen sind Hypothesen und Denkmodelle, keine unumstößlichen Wahrheiten. Vorgebrachte Lehrsätze können bestenfalls durch einen neuen Knochenfund widerlegt werden. Vielleicht täuscht der Eindruck, aber momentan sieht es eher danach aus, als würde mit jedem weiteren Knöchlein das Rätselraten um unsere Herkunft noch größer werden.

Eine umstrittene Art, die Fossilienjäger bei der Zuordnung Sorgen bereitet, nennt sich *Homo heidelbergensis*, eine Nebenform des Homo erectus. Manche Forscher sehen in ihm eine eigene Spezies, aus der vor 300 000 Jahren eine Population zu Neandertalern mutierte, während wieder andere Gruppen sich zum *archaischen Homo sapiens* entwickelten. Daraus sei dann, so behaupten Anthropologen, schließlich der moderne Mensch hervorgegangen. Die Übergangslinien zum modernen Homo sapiens sind erstmals vor etwa 500 000 Jahren nachweisbar. Neueste Funde lassen auch ein Alter von bis zu 800 000 Jahren für möglich erscheinen. Das Problem: Es gibt keine klare Trennlinie zwischen dem späten Homo erectus und dem ersten »primitiven« Homo sapiens. Die Fossilien sind schwer dem einen oder anderen Typ zuzuordnen.

Ein außergewöhnlicher Schädel liegt im Naturhistorischen Museum in *London*. Er hat Erkennungszeichen des Homo heidelbergensis. Gleichzeitig werden seine Merkmale dem früheren Homo erectus zugerechnet, obwohl er breitgesichtig wie der Neandertaler ist, daher sein unmittelbarer Vorgänger sein soll, und ebenso Besonderheiten des späteren modernen Homo sapiens aufweist. Also ein »Mischkopf« der besonderen Art. Von einigen Anthropologen wird die Bezeichnung *Homo rhodesiensis* aus der Gruppe des Homo heidelbergensis oder *Homo sapiens rhodesiensis* vorgeschlagen. Um die Verwirrung zu steigern, trägt das Fossil außerdem den Namen seines Fundortes: »Broken Hill Skull« oder »Kabwe Man«.

Kabwe, nicht zu verwechseln mit dem Kabwe-See im Kongo, ist die zweitgrößte Stadt der südafrikanischen Republik Sambia, 130 Kilometer nördlich der Hauptstadt Lusaka. Früher war diese Region ein Teil Nordrhodesiens. Zum Vorschein kam der Schädel 1921 bei Aushubarbeiten in einer Granithöhle für den Erzabbau, nahe der kaum erforschten Lukangasümpfe. Neben dem Kopf lagen weitere menschliche Überreste: ein Oberkiefer, ein Kreuzbein, ein Schienbein und ein Oberschenkelknochen. Die Beinknochen konnten dem Schädel zugeordnet werden. Der Oberkiefer hingegen muss einer anderen Person gehört haben. Beim Kreuzbein war eine Zuordnung nicht möglich, geht aus dem Protokoll hervor.

Das Alter dieses Neandertaler-Vorläufers wurde zunächst auf 1,75 bis 2,5 Millionen Jahre bestimmt. Was zu dieser Schätzung nicht passte: das Gehirnvolumen von 1300 Kubikzentimetern. Es ist zu fortschrittlich entwickelt. Sämtliche Fossilienvergleiche mit ähnlich hoher Altersbestimmung werden dem Homo erectus oder seinen Vorgängern zugeordnet. Sie alle haben aber ein deutlich kleineres Gehirnvolumen. Der »Kabwe Man« müsse demnach jünger sein, erklärten Paläontologen später und verwarfen ihre erste Datierung. Da der Schädel auch Neandertaler-Merkmale besitzt, tippten einige Experten auf ein Alter von »nur« 40 000 Jahren. Auch diese Annahme erwies sich als fehlerhaft. Jüngsten Datierungen zufolge lebte der »Kabwe Man« vor 130 000 Jahren.

Das große Rätsel, das dieser Schädel aufgibt, sind aber nicht die Fragen nach seinem wahren Alter und der Expertenstreit um

seine Zuordnung, sondern ein kleines Loch auf der linken Kopf-
seite. Handelt es sich um die ungewöhnliche Bisswunde von
einem Raubtier? Oder haben wir es mit einem Bohrloch eines
chirurgischen Eingriffs zu tun? Erklärungsversuche gibt es viele,
keiner konnte bislang überzeugen. Die Symptome der kleinen
Fraktur sind seltsam: kreisrund, glatt mit scharfen Konturen. Der
Durchmesser beträgt nur 5 Millimeter. Das sauber abgegrenzte
Loch erweckt den Eindruck, als sei der Urmensch von einem
Hochgeschwindigkeitsgeschoss, etwa einem Gewehr oder einer
Pistole, tödlich getroffen worden. Dem Loch direkt gegenüber ist
der Schädel großflächig aufgerissen, genauso wie dies normaler-
weise bei einem Kopfschuss der Fall ist.

Das Phänomen ist nicht einzigartig. Ein glattes, rundes Loch, das
einer Schusswunde gleicht, weist der Schädel einer ausgestorbenen Rinderart auf. Das Relikt wurde in Sibirien gefunden und ist
nach Meinung russischer Paläontologen mindestens 4000 Jahre
alt. Bei beiden Fossilien stellten Gerichtsmediziner fest, dass das
kleine Loch nicht durch einen Steinwurf entstanden sein kann, da
dieser das getroffene Knochengewebe viel stärker beschädigt hätte. Ein Speer oder Pfeil kommt als Ursache ebenso nicht in Frage,
da diese charakteristische Spuren am Knochen hinterlassen, die
hier jedoch fehlen. Hingegen zeigen die Verletzungen typische
Eigenschaften, die ein Revolverprojektil verursachen würde.

Beim Schädel des »Kabwe Man« ist dieser Effekt besonders auffällig. Forensische Analysen der gegenüber dem »Einschussloch«
befindlichen Schädelseite ergaben nämlich, dass die Zertrümmerung von *innen* heraus erfolgte, was wiederum für den Einsatz
einer Feuerwaffe sprechen würde. Das Resultat ist ähnlich wie
bei modernen Mordopfern: Die Kugel trifft auf den Kopf, hinter-
lässt im Knochen ein kleine Wunde, verliert den Großteil ihrer
Bewegungsenergie und durchschlägt das Gehirn. Beim Auftref-
fen auf die gegenüberliegende Knochenwand zerfetzt das Projek-

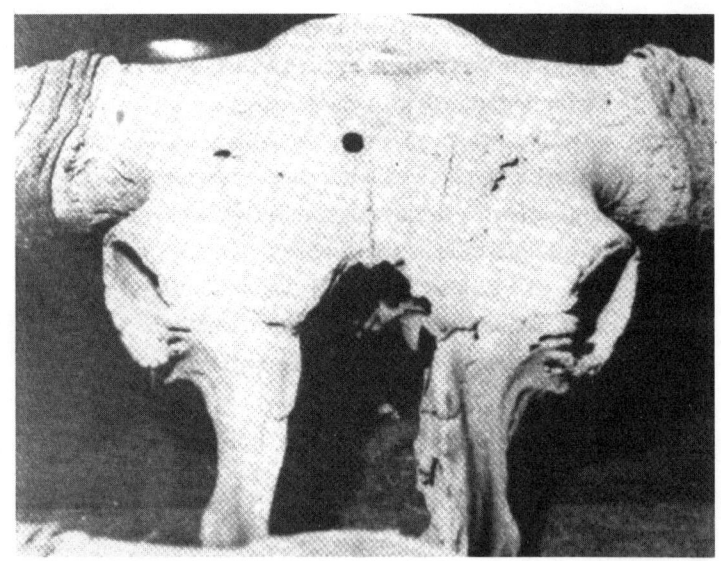

Prähistorischer Bisonschädel aus Sibirien mit einem Einschuss-
loch. Wer als Schütze in Frage kommt, vermag niemand zu sagen.
(Bild: Museum für Paläontologie, Moskau)

til die Schädelpartie und reißt ein Loch von mehrfacher Größe der
Einschussöffnung.

Soweit bekannt, wurden die ersten Handfeuerwaffen im 14. Jahrhundert in Westeuropa entwickelt. Es waren, wie auch die damaligen Kanonen, Vorderlader. Pulver und Kugel mussten mit einem
Ladestock durch die Mündung und den Lauf gestopft werden –
ein umständliches Verfahren, bei dem es jedoch für die folgenden
500 Jahre blieb. Erst im 19. Jahrhundert kamen die ersten modernen Gewehre zum Einsatz. Der Deutsche *Johann Nikolaus von*
Dreyse baute 1836 den ersten funktionierenden Hinterlader, das
Zündnadelgewehr. Etwa zur gleichen Zeit erfand der Amerikaner
Samuel Colt die mehrschüssige Feuerwaffe, den Trommelrevol-
ver. Kam der »Kabwe Man« durch eine ähnliche Faustfeuerwaffe

ums Leben? Der Verstand sagt – nein. Es sei denn, wir hätten es mit einem zeitgenössischen Opfer zu tun, das nach dem Attentat tief in der Erde vergraben wurde. Das wäre eine »vernünftige« Erklärung, doch alle Analysen der Paläontologen sprechen dagegen: Der Schädelbau mit seinen anatomischen Eigenheiten stammt nachweislich von einem Urmenschen.

Urzeitliche Revolverhelden? Undenkbar. Irgendwie müssen die eigenwilligen Verletzungsspuren aber entstanden sein. Anthropologen tippen auf eine seltene Krankheit: Der Mann vom Broken Hill könnte an *Akromelagie* gelitten haben. Als Symptom dafür sehen Ärzte einen hormonell bedingten Riesenwuchs, der Knochen *unterschiedlich* wachsen lässt. Während bestimmte Körperregionen an solchen Anzeichen leiden, verändern sich andere ganz normal oder gar nicht weiter. Nach dieser These könnte der Schädel des »Kabwe Man« über Jahre unkoordiniert auseinandergewachsen sein und schließlich im Endstadium der Krankheit zum Tod geführt haben. Dass die beiden Löcher wie eine Schussverletzung aussehen, sei zwar spektakulär, aber dennoch typisch für das Krankheitsbild der Akromelagie, begründen Mediziner.

Nun gut, ich bin nur Laie, aber mir kommt diese Auffassung reichlich spekulativ vor. Offenbar war lediglich der Schädel von dieser heimtückischen Krankheit befallen. Die aufgefundenen Beinknochen, die ebenfalls dem »Kabwe Man« zugeordnet werden konnten, zeigen diese Symptome nicht. Mir sind auch keine medizinischen Vergleichsfunde bekannt, bei denen ein menschlicher Schädelknochen explosionsartig durch Riesenwuchs regelrecht zerschmettert wurde. Die durch eine Krankheit verursachte Knochenverformung zeigt bestimmte Wesensmerkmale. Sie sind anders strukturiert als bei einer Wunde durch ein Projektil. Müsste sich anhand dieser Abweichungen nicht viel deutlicher die Todesursache ermitteln lassen?

Ungereimtheiten haben die Eigenschaft, dass sie viele Fragen aufwerfen. Sie halten den Verstand wach. Auf manches lässt sich später eine schlüssige Antwort finden, anderes bleibt weiterhin ungeklärt. Ich habe als Autor großes Glück: Seit vielen Jahren unterstützen mich kompetente Forscher bei meiner Arbeit, obwohl sie meine Überlegungen nicht immer befürworten. Für ihre Anregungen und wohlgemeinte Kritik bin ich überaus dankbar. Einer dieser hilfreichen Experten ist der Gerichtsmediziner und DNA-Spurenanalytiker *Jan Kiesslich* aus Salzburg. Er ist der richtige Fachmann, wenn es um die Auswertung kriminalistischer Zusammenhänge und die Identifizierung unbekannter Toter geht. Ich wollte von Jan Kiesslich wissen, welche Erklärung ihm für den »erschossenen Neandertaler« plausibel erscheint. Zur Begutachtung schickte ich Bilder des Schädelfossils an die Universität Salzburg.

Die Antwort des Wissenschaftlers folgte prompt und brachte mich zum Schmunzeln: »… also zu Ihrem Schädel: das ist in der Tat ein kurioses Teil.« Gemeint war natürlich nicht *mein* Oberstübchen, sondern der Kopf des Urmenschen. Kiesslich bestätigt: »Was ich auf den Bildern erkennen kann, schaut tatsächlich wie ein Einschuss aus«, schränkt allerdings ein, dass »die Fotos allein nicht ausreichen, um das genau beurteilen zu können«.

Sollte wirklich eine Feuerwaffe zum Einsatz gekommen sein, ließe sich das feststellen, meint Kiesslich, denn: »Bei einem Einschuss findet man dann typischerweise an der Innenseite einen ›Krater‹, der sich nach innen hinein erweitert. Außerdem würde ich eine spinnennetzartige Sprengung des Knochens, ausgehend von der Umgebung des Loches, erwarten. Sollte die Öffnung scharfrandig sein, kann das unter Umständen mit einer Verletzung bzw. der Todesursache in Verbindung gebracht werden. Hat das Loch einen glatten, abgerundeten Rand, kann man davon ausgehen, dass die ›Verletzung‹ zumindest einige Zeit überlebt

Linke Schädelseite eines Urmenschen: Über der Ohröffnung befindet sich ein kleines Loch, das wie eine Schusswunde aussieht. (Bild: Natural History Museum, London)

worden ist, da ein solcher Befund auf einen Heilungsprozess hindeutet.«

Anders sei die Sachlage dann, wenn das kleine Loch und die rechte aufgerissene Schädelseite eine *gemeinsame* Ursache besitzen. Kiesslich ist skeptisch: »Diesen Defekt würde ich nicht notwendigerweise als ›Ausschuss‹ interpretieren, dafür ist er nach meinem Dafürhalten zu groß. Wenn es doch so gewesen sein sollte, dann ist das sicher nicht überlebt worden. Da würde nämlich ein Großteil des Gehirns herausgeflogen sein.« Der Gerichtsmediziner glaubt eher, dass ein »postmortales Artefakt« die Zertrümmerung verursacht haben könnte. Demnach wäre der Schaden am rechten Schädelknochen erst *nach* dem Tode erfolgt. Aber wie? »Vielleicht bei der Bergung oder bereits in prähistori-

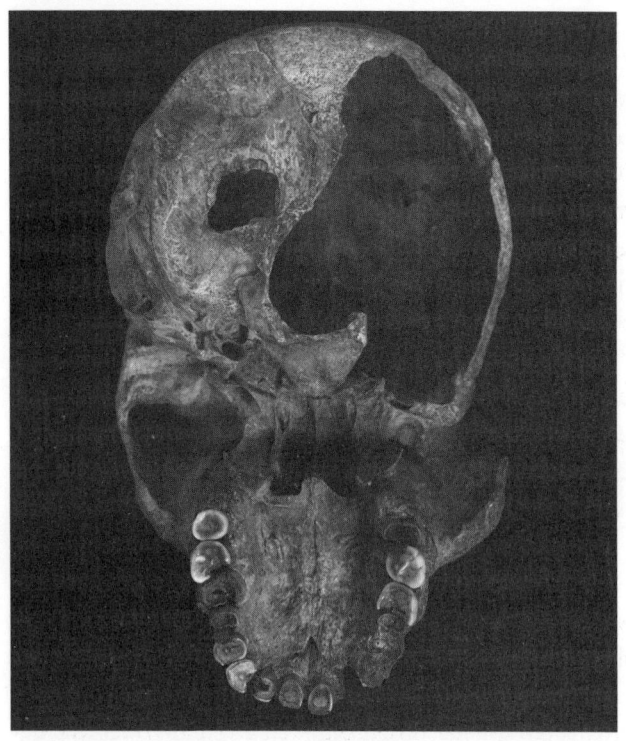

Die rechte Schädelseite ist großflächig von innen heraus zertrümmert. Entstand die Beschädigung durch Einwirkung eines Hochgeschwindigkeitsprojektils? (Bild: Natural History Museum, London)

schen Zeiten aus rituellen Gründen«, grübelt Kiesslich und bietet noch eine These als Lösungsvorschlag an: »Das ›Einschussloch‹ könnte auch im Zuge eines Unfalles entstanden sein, etwa wenn der Urmensch von einer Anhöhe heruntergefallen ist und auf einen entsprechenden Gegenpart stürzte.«

Wäre eine Möglichkeit. Wenn der Schädel allerdings, wie behauptet, wirklich von innen heraus »gesprengt« worden ist, kann keine dieser Erklärungen zutreffen. »Alle Überlegungen sind reine Spekulation«, betont der Forensiker und empfiehlt, sofern dies bisher unterlassen wurde, Detailaufnahmen mit einer Computertomographie anzufertigen. Nur so bestünde die Chance, vielleicht etwas Licht ins Dunkel der Affäre zu bringen. Und wenn sich der erste Eindruck doch bestätigen sollte, also eine Schusswaffe im Spiel war? »Das müsste dann nicht zwingend ein modernes Hochgeschwindigkeitsgeschoss gewesen sein«, erklärt Kiesslich und denkt dabei an andere Projektile, die zum Beispiel mit einer *Armbrust* abgeschossen werden können. »Richtig konstruiert, kann damit eine Geschossgeschwindigkeit erzielt werden, die das Durchschlagsvermögen kleiner Handfeuerwaffen weit in den Schatten stellt.«

Tatsächlich hatten bereits römische Legionäre Schusswaffen im Gebrauch. Gut erhaltene Überreste eines solchen Apparats sind in einer Kiesgrube bei *Xanten* in Nordrhein-Westfalen entdeckt worden. Zunächst fiel der unscheinbare Metallklumpen nicht sonderlich auf, bis eine genaue Untersuchung die Sensation enthüllte: eine 2000 Jahre alte Waffe mit kleinem Spannrahmen. Am ehesten ist das handliche Kriegsgerät mit einer Armbrust vergleichbar. Experten überprüften die Wirkung mit einem funktionstüchtigen Nachbau und waren über die enorme Durchschlagskraft verblüfft. Besonders auf kürzere Distanzen muss die Waffe verheerend gewesen sein. Sie wurde mit einer Winde gespannt und verschoss kleine Bolzen, gegen die die Brustpanzer jener Tage wirkungslos waren. Wie diese Schusswaffen in der Praxis funktionierten, wurde in der Anfangssequenz des preisgekrönten Kinohits »Gladiator« aus dem Jahr 2000 gezeigt. Die im Film verwendeten Geräte waren zwar erheblich größer als der Fund aus Xanten, aber sie funktionierten auf die gleiche Art.

Waren Zeitgenossen des »Kabwe-Menschen« schon in der Lage, Waffen mit ähnlicher Wirkung herzustellen? Das scheint angesichts der zeitlichen Diskrepanz von 130 000 Jahren unvorstellbar. Anderseits tauchen in der Evolutionsgeschichte immer wieder Anomalien auf, die Paläontologen Kopfzerbrechen bereiten. In Usbekistan etwa entdeckten vor einigen Jahren russische und österreichische Forscher Neandertaler-Höhlen. Nicht weiter aufregend, schon früher wurden in dieser Region Siedlungsplätze der Neandertaler gefunden. »Wäre da nicht die aufgefundene Steingeräteindustrie, die in dieser fortgeschrittenen Herstellungsart erst viel später dem modernen Menschen zugeschrieben wird«, wunderte sich der Grabungsleiter *Bence Viola* vom Wiener Institut für Anthropologie. Neben Knochen und Schädelfragmenten wurden im Jahr 2003 »moderne« Klingen für die Holzverarbeitung und Tierhäutung entdeckt: länglich, regelmäßig gearbeitet und elegant in der Formgebung. Die gängige Theorie besagt, die Neandertaler seien dazu nicht fähig gewesen. Viola: »Normalerweise würde man sagen, sie haben sich das vom modernen Menschen abgeschaut. Nur – in dieser Gegend gab es zu jener Zeit vor mindestens 50 000 Jahren weit und breit keine moderne Menschen.«

Das wirft natürlich Fragen auf: Muss das Bild von unseren frühen Artverwandten facettenreicher sein als bislang? Gab es einen Kulturaustausch zwischen den urzeitlichen Völkern? Besaßen Urmenschen bereits die Fähigkeit, einen treffsicheren Schussapparat zu konstruieren? Wurde der »Kabwe Man« mit einer solchen Jagdwaffe getötet? Oder noch fantastischer: Kamen der Schütze und sein Schießeisen gar aus einer anderen Welt? Hatte der Mann vom Broken Hill vor seinem Tode Kontakt mit fremden Wesen aus dem Kosmos? Oder war der Mörder ein Zeitreisender aus unserer eigenen Zukunft, den es in die fernste irdische Vergangenheit verschlagen hatte?

Genug Stoff für einen spannenden Science-Fiction-Thriller. Was unserem Urahn damals im südlichen Afrika wirklich passiert ist, bleibt bis auf weiteres ungelöst.

Der versteinerte Hammer

»Zukunft ist die Zeit,
in der man die ganze Vergangenheit kennen wird.
Solange man die Vergangenheit nur teilweise kennt,
lebt man in der Gegenwart.«
GABRIEL LAUB (1928–1998)

Datierungsdilemma bizarrer Funde,
die das Alter der Menschheit
auf den Kopf stellen

Fundort: Entdeckt im Juni 1934 durch Emma Hahn und Familienangehörige während einer Wanderung zum Llano Uplift, nahe der Ortschaft London, Kimball County, Texas, USA.

Besonderheit: Der »fossile Hammer aus Texas« gehört seit Jahrzehnten zu den skurrilsten Fundstücken der Erdgeschichte. Zum Zeitpunkt seiner Entdeckung soll das Artefakt beinahe komplett von Kalkstein eingeschlossen gewesen sein, was auf ein sehr hohes Alter schließen würde. Der Hammerkopf besteht fast aus reinem Eisen und ist 15 Zentimeter lang. Der hölzerne Stiel soll in seinem Inneren teilweise verkohlt sein und ist am unteren Ende offenbar abgesägt worden. Das ganze Objekt samt Stein hat etwa einen Durchmesser von 22 Zentimetern. Im Rahmen der 2001 gestarteten Wanderausstellung »Unsolved Mysteries« konnte das Original erstmals in Europa von einem interessierten Publikum besichtigt werden. Ähnliche Fälle von in Stein eingeschlossenen Gegenständen sind in den letzten 200 Jahren in vielen Teilen der Welt entdeckt und dokumentiert worden.

Alter: Nicht gesichert. 140 Millionen Jahre, falls die Fundumstände und geologischen Datierungen zutreffen; etwa 10 000 Jahre, behaupten Vertreter des Kreationismus; ein Alter von höchstens 200 Jahren geben Skeptiker dem Stück, das ihrer Ansicht nach ein Bergarbeiter des 19. Jahrhunderts verloren hat. Die Streitfrage dabei: Wie konnte der Hammer in so kurzer Zeit von Sedimentgestein umschlossen werden?

Aufbewahrung: Unter der Bezeichnung »The London Artefact« im Creation Evidence Museum, Glen Rose, Texas, USA; vergleichbare Fossilienrätsel befinden sich im Besitz von Privatsammlern, darunter Prof. Jaime Gutierrez, Bogotá, Kolumbien, und Ed Conrad, Pennsylvania, USA.

»Wie alt ist das?«: Diese Frage stellt sich Anthropologen und Archäologen bei ihrer Arbeit immer wieder. Die Datierung eines antiken Objekts gehört zu den zentralen Aufgaben jeder Altertumswissenschaft. Die Forschung hat zur Beantwortung dieser Frage eine Reihe von Methoden entwickelt, die über das wahre Alter aufgefundener künstlicher Gegenstände, versteinerter Spuren und menschlicher Knochen Auskunft geben sollen. Problematisch wird die Sachlage dann, wenn die ermittelte Altersdatierung die entdeckten Spuren einer Zeitepoche zuordnet, wo sie der Lehrmeinung folgend nichts zu suchen haben.

Die Unsicherheit mit Datierungen wird an vielen Beispielen deutlich, etwa durch prähistorische Werkzeuge, die Mitte der 1980er Jahre am nordamerikanischen *Kaw River*, nahe Kansas City, entdeckt wurden. Die winzigen Artefakte zeigen Ähnlichkeit mit der Herstellungsart europäischer Steinwerkzeuge, sind aber um zwei Drittel kleiner. Merkwürdig genug, was aber überhaupt nicht ins Schema passt, ist ihr Alter: Nach den Analysen mehrerer Geologen müssten die Werkzeuge vor rund 200 000 Jahren hergestellt worden sein. Dürfen sie aber nicht, denn das würde ja bedeuten, dass das bisherige Bild über die Frühgeschichte des Menschen,

Prähistorische Steinwerkzeuge vom nordamerikanischen Kaw
River. Geologen datieren ihr Alter auf 200 000 Jahre. Von welcher
unbekannten Menschenart sind die Artefakte hergestellt worden?
(Bild: Bernhard Moestl)

insbesondere der Besiedlung Amerikas, über den Haufen gewor-
fen wäre. Folglich gibt es für solche Anomalien keine offizielle
Anerkennung. Sie wandern als »Kuriosität« in die Archive, wo
sie letztlich verstauben, wo sie vergessen oder bewusst vor der
Öffentlichkeit versteckt werden. Die meisten Kaw-River-Expo-
nate befinden sich im Depot des Wyandotte County Museum in
Bonner Springs, Kansas.
Nicht weniger mysteriös sind die Werkzeugfunde aus *Hueyatlaco*
in Mexiko. Die Ausgrabungsstätte liegt nahe der Ortschaft Valse-
quillo, etwa 120 Kilometer südöstlich von Mexico City. In den
1960er Jahren kamen unter einer zehn Meter dicken Sedimentschicht ungewöhnliche Fossilien und Steinwerkzeuge zum Vorschein. Teile der Funde fielen durch ihren »modernen« Charakter
auf. Sie entsprachen der Herstellungstechnik der Cromagnon-
menschen (benannt nach dem Fundort in Südfrankreich), die vor

rund 30 000 Jahren gelebt haben. Die Geologen *Harald Malde* und *Virginia Steen-McIntryre* von der amtlichen Behörde zur Erfassung geologischer Funde, genannt »U.S. Geological Survey«, wurden mit der Untersuchung befasst, ebenso *Roald Fryxell* von der Washington State University. Nachdem die Ergebnisse der Datierungen vorlagen, waren die Wissenschaftler perplex: 250 000 Jahre! Eine archäologische Sensation, der nur kurz eine öffentliche Aufmerksamkeit gegönnt war. In einem Artikel der »Denver Post« vom 13.11.1973 vertrat Fryxell den Standpunkt, dass unser Wissen über die menschliche Entwicklung »ungenau und vieles falsch ist, was wir bisher gedacht haben«.

Eine Behauptung, die nicht unwidersprochen blieb. Nicht das Bild über unsere Frühgeschichte sei falsch, sondern die Datierungen müssen es sein, erklärten Fachkollegen. Fryxell konnte jedoch darauf verweisen, dass es eine Reihe von Untersuchungen gegeben hat, die alle zum *gleichen* Resultat geführt haben. Sein Resümee: »Die gesammelten geologischen Daten sind korrekt, weil nicht mehrere unterschiedliche und voneinander unabhängige Datierungsmethoden zu Fehlern der gleichen Größenordnung geführt haben können.« Wenn Skeptiker dennoch das hohe Alter von Fundobjekten anzweifeln und auf lückenhafte Messmethoden oder Fehler bei der Interpretation zurückführen, dann muss dieser strenge Maßstab für *alle* Zeitdatierungen gelten. Selbst dort, wo bisher nichts Auffälliges zu beanstanden war, weil die Datierungen ins vorgefertigte Mosaik passten.

Die Forschungsergebnisse zu Hueyatlaco sind bis heute ein »Rotes Tuch« für die etablierte Wissenschaft. Forscher, die sich damit beschäftigen und unbequeme Fragen stellen, erhalten einen »Maulkorb« oder werden von Kollegen, die treu dem althergebrachten Dogma folgen, als »inkompetent« und »sensationsgeil« in ihrem Ansehen herabgewürdigt. Die Geologin Virginia Steen-McIntryre ist eine dieser Personen, die wegen ihres mutigen Engagements in Ungnade gefallen ist. Frustriert schrieb sie 1981 in einem der Artikel der »Quarternary Research«: »Das Problem, wie ich es sehe, ist viel größer als Hueyatlaco. Es betrifft die Manipulation wissenschaftlichen Denkens durch Unterdrückung rätselhafter Daten. Daten, die die vorherrschende Denkweise in Frage stellen. Bei Hueyatlaco ist das sicherlich der Fall! Da ich kein Anthropologe bin, war ich mir damals, im Jahr 1973, weder der vollen Tragweite unserer Daten bewusst, noch hatte ich realisiert, wie tief verwoben mit unserem Denken die gegenwärtige gültige Theorie von der menschlichen Evolution bereits ist. Unsere Arbeit in Hueyatlaco ist von den meisten Archäologen nur deshalb abgelehnt worden, weil sie ebendieser Theorie zuwiderläuft.«

Diese gängige Auffassung besagt, dass sich der moderne *Homo sapiens sapiens* vor rund 150000 Jahren in Afrika entwickelt hatte. Vor höchstens 100000 Jahren begann seine Auswanderung und er verbreitete sich um die Welt. Wenn das stimmt, kann es unmöglich 250000 Jahre alte, in Mexiko gefundene Werkzeuge des modernen Menschen geben. Aber sie existieren! Die amerikanische Forschungsgesellschaft »Early Sites Research Society« ist im Besitz dieser »irregulären« Exponate.

Noch bizarrer wird es dann, wenn wir Funde in Augenschein nehmen, die Jahrmillionen zurück in die Vergangenheit reichen. Es betrifft kuriose Versteinerungen, die das evolutionistische Weltbild in Frage stellen. Die Entwicklung des Lebens sei auf der Erde immer schrittweise durch natürliche Selektionsverfahren erfolgt, behauptete *Charles Darwin* (1809–1882) und nach ihm das Schulwissen unserer Zeit. Menschen haben sich unserem Wissensstand zufolge erst vor wenigen Millionen Jahren aus der Reihe der Primaten entwickelt. Wie aber sind dann jene Funde zu bewerten, die auf weit ältere, noch früher lebende Menschen schließen lassen? In verschiedenen Teilen der Welt wurden Fuß-

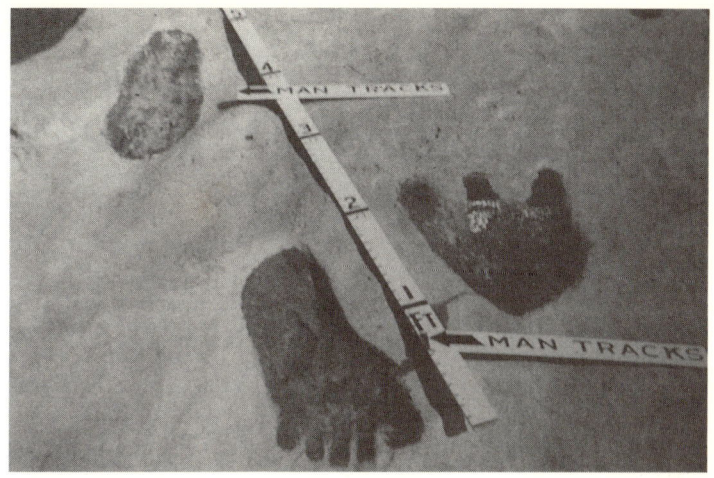

Geologisch-fossiles Dokument aus Glen Rose in Texas. Saurier-fährten und menschliche Fußspuren in derselben geologischen Ge-steinsschicht. (Bild: Dr. Cecil und Lydia Dougherty)

abdrücke solcher Wesen entdeckt, die zum Teil in die Dinosau-rierepoche zurückreichen.

Die bekanntesten Fährten, die angeblich von Menschen stammen, fand man im ausgetrockneten Flussbett des Paluxy River bei *Glen Rose* im amerikanischen Bundesstaat Texas. 1908 riss eine Springflut Kalksteine auf und legte alte Bodenschichten mit Spu-ren von Dinosauriern frei. Parallel dazu – in denselben geologi-schen Schichten – sind menschliche Fußspuren mit riesenhaftem Wuchs vorgefunden worden. Heute sind die Zeugnisse durch Witterungseinflüsse so stark verändert, dass sie nur mehr mit Fantasie als »deutliche Menschenspur« erkennbar sind. Histori-sche Bilddokumente der Entdeckung zeigen aber unzweifelhaft fünf Abdrücke von Zehen. Wer sollte sie hinterlassen haben? Eine gepanzerte Riesenechse mit menschenähnlichen Füßen?

Die sonderbaren Spuren sind nicht das einzige Kuriosum, das die

Frage aufwirft, ob Menschen und Saurier in einer gemeinsamen Epoche gelebt haben. Mindestens genauso irrwitzig sind handwerkliche Gegenstände, die bei ihrer Auffindung in viele Millionen Jahre altem Gestein eingeschlossen waren: Nägel, Schrauben, Schmuckstücke oder Gebrauchsgegenstände wie ein Eisenbecher, der in Oklahoma, USA, gefunden wurde. Aus einer eidesstattlichen Erklärung des Entdeckers *Frank Kennard* geht hervor, dass der Behälter im Jahre 1912 aus einem Gesteinsbrocken herausgefallen war. Ein ähnliches Mysterium umgibt eine Steinplatte, die vor wenigen Jahren in Kolumbien entdeckt wurde. Sie enthält Knochensegmente, die in einer über 100 Millionen Jahre alten Steinplatte eingeschlossen sind. Das Ungewöhnliche daran: Die Knochen vermitteln den Eindruck menschlicher Finger. Vielleicht gibt es einen Zusammenhang mit den Fossilien im Kloster *Santo Ecce Homo*, das in der Nähe des Fundortes liegt. Die Einsiedelei beherbergt Versteinerungen von Kákao, Ananas, Avocado und Gemüsesorten. 100 Millionen Jahre alt sollen diese Urzeitfrüchte sein. Aber wer hätte diese Kulturgüter zu einer Zeit, als Dinosaurier die Welt beherrschten, kultivieren können? Ein Saurier wohl nicht.

Das gilt gleichermaßen für den »fossilen Hammer aus Texas«. Er ist das berühmteste und umstrittenste Stück aus der Galerie des Unfassbaren. Die Giganten der Kreidezeit werden ihn nicht zum Hämmern verwendet haben, so viel steht fest. Sofern die Altersdatierungen zutreffen, stammt das Werkzeug aber aus der Saurierepoche. Wer könnte es verloren haben? Seit Jahren wird über seinen Ursprung hitzig debattiert. Entdeckt wurde der »Hammer« 1934 bei einem Ausflug von *Emma Hahn* und Familienangehörigen. In der Nähe der texanischen Ortschaft *London* fiel den Wanderern ein ungewöhnlicher Felsbrocken auf: Aus seiner Oberfläche ragte ein Stück Holz. Die Hahns zerschlugen den Stein und erkannten zu ihrer Verblüffung, dass es sich bei dem Holz um den abgebrochenen Stiel eines »Hammers« handelte, an dessen Ende sich noch der abgenutzte Eisenkopf befand.

Der deutsche Forscher und Erfolgsautor *Hans-Joachim Zillmer* ist seit Jahren emsig darum bemüht, Ungereimtheiten der Evolutionsgeschichte aufzudecken. Über das Unikat aus Texas schreibt er: »Das Objekt weist eine einfache normale Form auf, fast wie ein in Deutschland üblicher Maurerhammer. Der Stiel des Hammers ist weitgehend kristallisiert, sehr hart und in seiner Struktur intakt. Es konnte festgestellt werden, dass der Innenteil teilweise porös in Kohle umgewandelt wurde. Die Kombination von Verkohlung und Versteinerung ist sehr ungewöhnlich, wissenschaftlich nicht zu erklären, und mir ist kein ähnliches Fundstück auf der ganzen Welt bekannt.«

Was den Darwin-Kritiker besonders verblüfft, ist der Hammerstiel. Zillmer bemerkt dazu, dass »seine äußeren Teile an die versteinerten Holzstämme und Stümpfe im Petrified-Forest-Nationalpark in Arizona erinnern. Sie weisen eine kristalline Struktur auf und werden auf 100 bis 200 Millionen Jahre geschätzt.« Wie kann versteinertes Holz entstehen? »Immer dann, wenn es als Ablagerung überschwemmter Flüsse oder Seen im Gestein lagert«, klärt Zillmer auf und ergänzt: »Die Kristallisation geschieht durch im Wasser gelöste Silikate, die das im Holz eingelagerte Wasser, die Luft und schließlich auch die organischen Bestandteile ersetzen und so die Verkieselung der Silifizierung einleiten. Dadurch kann ein sehr harter Opal oder Quarz entstehen. Das Endprodukt ist etwa fünfmal schwerer als normales Kiefernholz.«

Ein ähnliches Phänomen weist der »Hammerstiel« von London auf. Für Zillmer ein stichhaltiger Beweis dafür, dass dieses fossile Objekt »sowohl echt als auch alt sein muss«. Der Forscher richtet einen Appell an alle Zeitgenossen, die das nicht glauben können: »Skeptiker sollten darlegen, wie man einen versteinerten Holz-

Röntgenaufnahme des »Hammerkopfs«. Sie zeigt eine homogene Struktur des Stahls ohne Verunreinigungen. Er besteht aus reinem Eisen. (Bild: Dr. Carl Baugh)

griff mit zu porös verwandelter Kohle im Innenteil mit modernen oder auch antiquierten Methoden herstellen kann!«

Ein ungelöstes Rätsel stellt ebenso der Kopf des »Hammers« dar. Die Analyse durch das Metallurgische Institut »Batelle Memorial Laboratory« in Ohio, USA, offenbarte 1989 eine unverständliche chemische Zusammensetzung: 96,6 Prozent Eisen, 2,6 Prozent Chlor und 0,74 Prozent Schwefel. Die Forscher stellten erstaunt fest, dass das Metall keine Spuren von Verunreinigung aufweist und fast zur Gänze aus reinem Eisen besteht, das nicht rostet. Röntgenaufnahmen und magnetische Prüfverfahren bestätigten, dass keine Unregelmäßigkeiten im Material erkennbar sind. Eine plausible Erklärung für diese hohe Qualität fehlt. Sie kann heute bestenfalls industriell erreicht werden, sagen Experten.

Wer könnte diesen absurden Gegenstand hergestellt haben, und vor allem – *wann*? Da der »Hammer« ursprünglich komplett von Kalkstein umschlossen war, sollte man davon ausgehen können, dass er *vor* der Entstehung des Steinmaterials entstanden ist. Geologen schätzen dieses Alter auf mindestens 140 Millionen Jahre, also eine urzeitliche Epoche, wo es nach gängiger Auffassung kein menschliches Leben gegeben haben kann.

Bei der Beurteilung alter Funde geraten die Zeiten immer häufiger aus den vertrauten Fugen – auch innerhalb der etablierten Lehrmeinung beginnt es zu bröckeln. Wir lernen in der Schule: Die Dinosaurier starben vor 65 Millionen Jahren aus – als Folge des Einschlages eines riesigen Meteoriten im Gebiet des heutigen Yukatan in Mexiko. Sein Einschlag habe derart viel Dreck in die Atmosphäre geschleudert, dass das Sonnenlicht über Jahre hinweg nur noch spärlich durchgedrungen sei. Die dadurch ausgelöste weltweite Klimakatastrophe habe zur Ausrottung von zwei Dritteln aller Tier- und Pflanzenarten geführt. Das Kreidezeitalter endete, und nach dem folgenschweren Ereignis begann der geologische Abschnitt der Erdneuzeit. Sie wird von der Fachwelt *Tertiär* genannt. Mit ihrem Beginn entwickelte sich der langsame Aufstieg der Säugetiere, heißt es gemäß den Lehrbüchern.

Immer mehr Studien lassen an diesem Weltbild zweifeln. Geologen der Universitäten Princeton, New Jersey, USA; Utrecht, Niederlande; Neuchâtel, Schweiz und Karlsruhe, Deutschland, analysierten die Daten zur Impact-Theorie. Am Ort des Einschlags stellten sie anhand der Iridium-Spuren fest, dass der Krater tatsächlich von einem gigantischen Himmelsgeschoss entstanden war. Auch die Fossilienfunde deuten auf ein Massensterben vor 65 Millionen Jahren hin. Was damit nicht zusammenpasst: Die analysierten Spuren in der Sedimentschicht weisen einen weitaus früheren Entstehungszeitpunkt für den Meteoriteneinschlag auf. Bleibt die Frage, was denn nun tatsächlich die Dinos und andere Tierarten umgebracht hat.

Was noch stutzig macht: Fossilienfunde, die belegen, dass Dinosaurier den Untergang ihrer Welt überlebt haben. Das zeigt eine große Zahl von gut erhaltenen Saurierversteinerungen, die Ende der 1990er Jahre in *Ojo Alamo* in Mexiko entdeckt wurden. Ein Team vom »U.S. Geological Survey« konnte mittels geochemischer und magnetochronologischer Analysen bestätigen, dass die Skelette aus einer tertiären Schicht stammen, die wesentlich jünger ist als die berühmten 65 Millionen Jahre. Demnach müssten die Saurier das große Aussterben zumindest eine Million Jahre überlebt haben.

Gesichertes Wissen muss durch neue Entdeckungen immer wieder hinterfragt werden. Das gilt ebenso für die Annahme, dass Säugetiere in der Kreidezeit nur in ganz primitiven Formen existierten, weil sie sich im Schatten der gewaltigen Saurier nicht vielfältig hätten entwickeln können. Ein Irrtum, wie fossile Überreste aus China belegen. Der vor wenigen Jahren entdeckte *Castorocauda lutrasimilis* hatte bereits Fell, einen breiten, schuppigen Schwanz, Schwimmflossen und Zähne wie ein Seehund. Sie ermöglichten dem Säuger, außer auf Land auch im Wasser zu leben und sich von Fischen zu ernähren, schreiben Forscher im Fachmagazin »Science«. Das weit entwickelte Säugetier lebte bereits vor 164 Millionen Jahren! An diesem Beispiel zeige sich, dass Säugetiere schon in der mittleren Jurazeit vielfältige Lebensräume besetzten, erklären die Wissenschaftler.

Rückt somit ein gleichzeitiges Leben von Saurier und Mensch in den Bereich des Möglichen? Müssen menschenartige Fußspuren und mysteriöse Gegenstände aus der Kreidezeit neu bewertet werden? Die überwiegende Mehrheit der Wissenschaftler hält diese Vorstellung für absurd. Sie erklären die fossilen Spuren von Menschen für »Fälschungen« oder als »Fehlinterpretation natür-

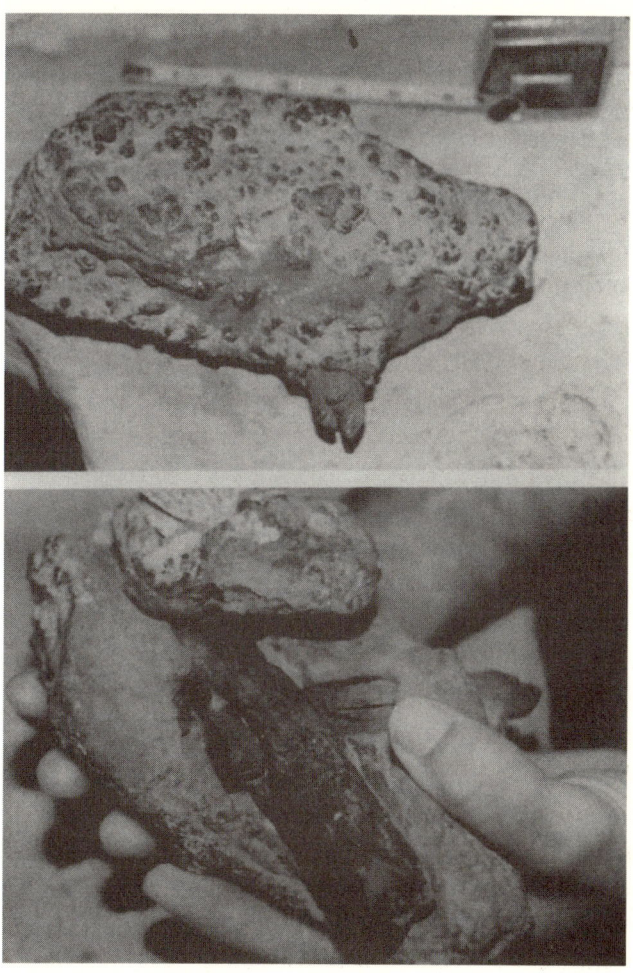

Bild oben: Die Rückseite des fossilen »Hammers« aus Texas. Das gesamte Objekt war bei der Entdeckung im Jahre 1934 von Kalkstein umschlossen.

Bild unten: Die Vorderseite des versteinerten »Hammers«. Das Alter des Gesteins, in dem das Werkzeug eingebettet liegt, wird auf 140 Millionen Jahre geschätzt. (Bilder: Dr. Carl Baugh)

licher Vorgänge«. Aber ist es wirklich so vermessen vorzuschlagen, dass die Evolution des Menschen vielleicht viele Millionen Jahre früher stattgefunden haben könnte als bisher angenommen? Die Vielzahl merkwürdiger Funde macht deutlich, dass mit dem geläufigen Bild unserer Vergangenheit etwas nicht stimmen kann. Entweder hat sich die Evolution doch nicht so unmerklich langsam und kontinuierlich vollzogen, wie die Abstammungslehre betont, oder die erdgeschichtlichen Datierungen stimmen nicht.

Welche Schlüsse dürfen daraus für den »Hammer aus Texas« gezogen werden? Da der oft belächelte Fund allem widerspricht, was zur Zeit in Hinblick auf die Evolution gelehrt wird, vermuten Skeptiker, dass dieses Artefakt ein Bergarbeiter im 19. Jahrhundert weggeworfen hat. Aber wie kommt das Werkzeug in Jahrmillionen altes Gestein? Eine Vermutung geht davon aus, dass sich flüssige Sedimente in nur wenigen Jahren zu festem Stein gebildet hätten. Diese Umformung kann, so meinen Geologen, durch die Verdampfung von mineralreichem Wasser entstehen, die Rückstände hinterlassen, die rasch anwachsen, bis sie einen Gegenstand umschließen. Das würde bedeuten, dass das Gestein um den Hammer nicht alt, sondern *jung* ist.

Das glaubt auch Hans-Joachim Zillmer, allerdings völlig anders, als es die herkömmliche Theorie besagt. Seinem »Junge-Erde-Modell« zufolge würden 140 Millionen Jahre gängiger Altersdatierung zu 10 000 Jahren schrumpfen. Der Querdenker behauptet standhaft, dass die Erdzeitalter im Sinne des Darwinismus und der geologischen Zeitskala frei erfunden sind. Die Evolutionstheorie im Sinne der Schulwissenschaft hätte, so Zillmer, nie stattgefunden. Der Darwin-Kritiker hält es für wahrscheinlich, dass vor höchstens 10 000 Jahren eine weltweite Überschwemmung stattfand, die weite Gebiete der Erdoberfläche betraf. Die biblische Sintflut-Saga wird als Indiz dafür angeführt: »Es könnte sein, dass der fossile Hammer bei dieser Flut abgelagert und eingeschlossen wurde.« Im versteinerten Holz des Stiels und in der mit dem Stahl des Hammerkopfs verschmolzenen Kruste sieht Zillmer eine Bestätigung für seine tollkühne These – denn: »Sie muss unter großem Druck- und Hitzeeinfluss entstanden sein.« Die Konsequenzen daraus: »In diesem Fall muss man jedoch akzeptieren, dass das den Hammer umgebende *Gestein auch jung* ist!« Das würde wiederum die geologischen Altersbestimmungen der Gebirge in Frage stellen. »Mindestens 140 Millionen Jahre des Erdzeitalters müssten ersatzlos gestrichen werden«, erklärt Zillmer. Für die Entwicklung der Tiere und Menschen ist aber gemäß der Evolutionstheorie dieser Zeitraum die entscheidende Entwicklungsphase. Nach Zillmers aufmüpfiger Vorstellung hatten weltweite Naturkatastrophen einen Übergang von einer Tierart zur anderen verhindert. Der Querdenker beharrt darauf, dass deshalb aus einem Affen kein Mensch entstanden sein könne.

Damit spielt Zillmer bibelfesten Kreationisten in Amerika in die Hände, für die der »Hammer aus Texas« als wichtiges Indiz dafür angesehen wird, dass die Abstammungslehre von Darwin falsch ist. Im Gegensatz zu den Evolutionisten glauben sie an eine göttliche Schöpfung. Bis zum heutigen Tag hält die Kontroverse zwischen beiden Lagern unerbittlich an. Unterschiedliche Denkmodelle und Weltanschauungen zu diskutieren muss erlaubt sein. Was dabei irritiert, sind Fundamentalisten und Fanatiker auf beiden Seiten. Das geht so weit, dass im amerikanischen Bundesstaat Georgia Darwins Evolutionstheorie aus dem Schulunterricht verbannt wurde. Gelehrt werden darf nur mehr der Glaube, dass Gott erst vor einigen tausend Jahren die Erde und alles Leben auf ihr geschaffen hat.

Für Professor *Bernhard Lötsch*, Direktor des Naturhistorischen Museums in *Wien*, gibt es zur Evolutionstheorie hingegen keine Alternative. Er rät deshalb dringend, »die Psychologie der Anhänger von bestimmten Theorien zu untersuchen, also ihre Fähig-

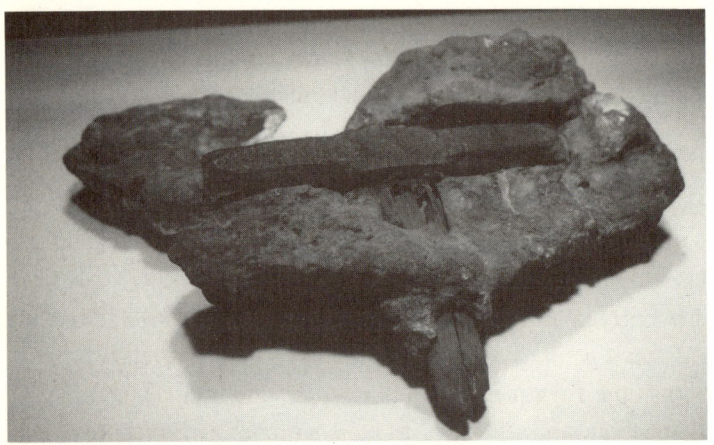

Bei »Unsolved Mysteries« war der »Hammer aus Texas« erstmals im Original ausgestellt. Raffinierte Fälschung? Kuriose natürliche Versteinerung? Oder archäologische Sensation? (Bild: Reinhard Habeck)

keit zur selektiven Wahrnehmung zu hinterfragen«. Das bedeutet: »Jemand hat zu einem bestimmten Thema oder einer Behauptung bereits eine vorgefasste Meinung. Man nimmt nur mehr Dinge wahr, die zu dieser vorgefassten Meinung passen. Nur jene Indizien werden ausgewählt, die einem zur Stützung seiner Überzeugung genehm sind. Anderes wird ignoriert oder eben nicht wahrgenommen.«

Eine Schelte, die sich viele Fantasten zu Recht gefallen lassen müssen, wenn abenteuerliche Theorien vorgebracht werden. Das gilt aber umgekehrt ebenso. Etablierte Wissenschaftler sind von Fehleinschätzungen nicht ausgeschlossen. Sie müssen sich ebenfalls den Vorwurf gefallen lassen, dass sie bestimmte Wahrnehmungen, etwa Fundsachen aus der Welt des Unerklärlichen, schlicht leugnen oder unterdrücken, wenn diese nicht ins bekannte Schema passen. Dieser Konflikt erklärt die gegenseitigen

Animositäten zwischen »normabweichendem« Gedankengut und strenger Naturwissenschaft. Produktive Lösungen, die beide Lager versöhnen könnten, sind derzeit nicht in Sicht.

Wie alt ist der »Hammer aus Texas« nun wirklich? 200 Jahre? 10000 Jahre? 140 Millionen Jahre? Fälschung oder geologische Sensation? Um endgültige Klarheit über sein wahres Alter zu erhalten, wäre es notwendig, das Artefakt mit modernster Technologie neuerlich zu untersuchen und ebenso das angrenzende Nebengestein zu analysieren. Eine exakte Zeitbestimmung könnte durch eine mineralogisch-chemische Analyse an einem unabhängigen Institut erfolgen. Sollte das Artefakt der »Nagelprobe« standhalten und authentisch sein, müsste wohl die Geschichte der Menschheit neu geschrieben, zumindest aber umgeschrieben werden. Poetischer drückte es der estnische Biologe *Jacob von Uexküll* (1864–1944) aus:

»Die Wissenschaft von heute ist der Irrtum von morgen.«

Amphibische Anomalien

*»Es gibt mehr Dinge zwischen Himmel und Erde,
als unsere Schulweisheit sich träumen lässt.«*
WILLIAM SHAKESPEARE (1564–1616)

Von Fröschen, die vom Himmel regnen, und gefangenen Kröten in Stein

Fundort: Globales Phänomen. Zu den merkwürdigsten Naturerscheinungen im Zusammenhang mit Amphibien zählen Vorfälle über Kröten, die allem Anschein nach lange Zeit in Stein eingeschlossen waren. Der bekannteste Fall hat sich 1899 beim Steinbruch von Lewes in der südenglischen Grafschaft East Sussex zugetragen.

Besonderheit: Immer wieder haben Bergleute und Steinhauer berichtet, dass ihnen beim Öffnen eines Steinblocks ein Frosch oder eine Kröte entgegenhüpfte. Wie die Amphibien in den Hohlraum der Steine gelangen und in ihrem Gefängnis Jahre überleben konnten, ist ein Rätsel. Rund 300 derartige Vorfälle sind schriftlich überliefert.

Alter: Über Frösche, die vom Himmel regnen, wird bereits im Altertum berichtet. Die ersten Erlebnisberichte von mumifizierten Kröten, die in Hohlräumen von Steinen gefunden wurden, liegen aus dem 16. Jahrhundert vor.

Aufbewahrung: Im Booth Museum of Natural History, Brighton, Großbritannien, ist das einzig erhaltene Exemplar einer in Stein eingeschlossenen Kröte zu besichtigen.

Amphibien sind Überlebende aus der Urzeit. Sie waren die ersten Landbewohner, die sich einem Leben außerhalb des Wassers anpassten. Dennoch brauchen die meisten von ihnen immer noch Wasser zur Fortpflanzung. Ihre Metamorphose mag der Grund für allerlei unglaubliche Geschichten sein, die man sich seit grauer Vorzeit von diesen Wunderwesen erzählt.

In allen Erdteilen sind sie ein Symbol für Fruchtbarkeit, Veränderung und Wiedergeburt. Besonders in Altamerika wurden sie als Glückstiere vergöttert, wie Ausgrabungen unzähliger Amulette aus Stein und Gold belegen. In der aztekischen Kosmologie verkörperte ein krötenähnliches Wesen namens *Tlaltecuhtli* die Erde. Es lebte im Urmeer und verschlang mit seinem Maul die Sonne bei Einbruch der Dunkelheit. In Asien galt der Frosch ebenfalls als kosmisches Zeichen für Unsterblichkeit und wurde »Himmelshuhn« getauft. Und im alten Ägypten versinnbildlichte die froschköpfige Geburtsgöttin *Heket* die Kräfte der Lebensentstehung.

Anders in Europa. Hier waren die schwanzlosen Amphibien nicht immer so sympathisch wie Kermit aus der »Muppet Show« oder Wetterfrosch »Quacksi«. Kröten galten im Mittelalter als Sinnbild für Geiz und Sünde und waren Vertraute der Hexen. Geheimnisvolle Verwandlungskunst stand aber auch hier im Vordergrund. Volkstümliche Märchen, wie etwa »Der Froschkönig«, erinnern an diese wundersame Fähigkeit.

Manche Froscharten verhalten sich derart ungewöhnlich, dass Zoologen ins Staunen geraten. So macht der *Harlekinfrosch* aus Südamerika mit der Fachbezeichnung Pseudis Paradoxa eine einzigartige Veränderung durch. Die Kaulquappe wird etwa 25 Zentimeter lang. Sobald jedoch die Umwandlung zum Frosch stattfindet, tritt auch ein beachtlicher Schrumpfungsprozess ein. Wie bei anderen Fröschen bildet sich der Schwanz zwar zurück, aber auch ohne ihn ist die Kaulquappe um vieles größer als der ausgewachsene Frosch, der dann höchstens sieben Zentimeter misst.

Was mögen unsere Altvordern gedacht haben, als sie diesen seltsamen Vorgang beobachteten? Konnten sie das Gesehene begreifen? Schrieben sie es Naturgeistern und überirdischen Mächten zu? Und heute? Wir sind skeptisch, wenn von Dingen die Rede ist, die dem »gesunden Menschenverstand« widersprechen. Als superkluge Intelligenzen des modernen Cyberspace-Zeitalters finden wir für alles eine logische Erklärung. Selbst wenn das Phänomen so aberwitzig ist wie »explodierende Frösche«. Silvesterknaller sind nicht gemeint. Das scheinbar Unmögliche wurde tatsächlich im April 2007 beobachtet. Viele Menschen in der Hansestadt *Hamburg* waren Augen- und Ohrenzeuge. Am Ufer eines unscheinbaren Tümpels im Bezirk Altona blähten sich binnen weniger Tage mehr als 1000 Erdkröten auf, zerplatzten und starben qualvoll. Meterweit seien die Innereien der Amphibien durch die Explosion verspritzt worden, versicherten fassungslose Anrainer: »Es sah aus wie in einem Horrorfilm.«

Krötenexperten, Tierärzte, Mikrobiologen und Naturschützer zerbrachen sich wochenlang den Kopf darüber, was zu diesem Massensterben im Tierreich geführt haben könnte. »Wir stehen vor einem Rätsel«, beteuerte damals *Janne Klöpper*, Pressesprecherin vom Hamburger Institut für Hygiene und Umwelt. Inzwischen wird vermutet, dass die Tiere Opfer aggressiver Krähen geworden sind. Sie hätten es auf die schmackhafte Leber der Amphibien abgesehen gehabt. Die Kröten seien darauf nicht sofort gestorben, sondern hätten sich in Panik so lange aufgebläht, bis die aufgerissene Haut geplatzt sei. Überzeugend? So jedenfalls lautet die offizielle Erklärung. Normal ist ein solches Verhalten bei Rabenvögeln allerdings nicht. Und weshalb just auf einen Schlag so viele Kröten angefallen wurden, können auch erfahrene Tierärzte nicht erklären: »Wir haben so etwas noch nie erlebt!«

Nichts Übernatürliches, aber doch höchst merkwürdig. Das gilt gleichermaßen für eines der kuriosesten Naturphänomene: Frösche (manchmal auch Fische, Krebse, Schlangen und andere

Tierarten), die in großer Menge aus unbekannten Gründen vom Himmel auf die Erde fallen. Derartige Begebenheiten sind von der Antike bis in die Gegenwart rund um den Globus überliefert. Einer der ältesten Berichte stammt von dem griechischen Historiker *Athenaios*, der um 200 n. Chr. lebte. In seinem Werk »Deipnosophistai« (deutsch: »Gastmahl der Gelehrten«) wird ein dreitägiger Fischregen und ein Froschregen auf Sardinien geschildert, der so gewaltig war, dass »die Häuser und Straßen davon überschwemmt wurden«. Vergeblich versuchten Einwohner die Frösche zu töten und die Türen vor den Eindringlingen zu verschließen.

Cover des Buches »Lo!« von Charles H. Fort. Der Amerikaner sammelte Anfang des 20. Jahrhunderts unerklärliche Vorfälle aus Zeitungsartikeln, darunter historische Berichte des Phänomens »Froschregen«. (Bild: Reinhard Habeck)

Ähnliche mysteriöse Vorfälle aus jüngeren Zeiten: Niederschlag von Schnecken in Algier (1973), Kröten in Brignoles (Frankreich, 1973), Kohle in Bournemouth (Großbritannien, 1983) und Fische in East London (1984). Der aktuellste Fall hat im Frühjahr 2007 in Serbien, nahe der ungarischen Grenze in der Provinz Vojvodina, für helle Aufregung gesorgt. In der Ortschaft *Odzaci* trauten die Einwohner ihren Augen nicht: Tausende kleine Frösche fielen vom Himmel und blockierten die Straßen. Man dachte zunächst an ein Unglück, ausgelöst durch ein explodiertes Flugzeug, das mit Amphibien beladen war. Die Ursache des mysteriösen Geschehens konnte nicht aufgeklärt werden.

Bekannt ist, dass das Phänomen häufig im Zusammenhang mit Regen und Unwetter auftritt. Daher lautet eine wissenschaftliche Begründung: Frösche waren lediglich von Erdreich und Pflanzen verdeckt, ehe sie durch Nässe aus ihrem Versteck gespült wurden. Oder: Jungfrösche, die ihre Metamorphose abgeschlossen haben, verlassen manchmal in beträchtlicher Zahl ihre Geburtstümpel und suchen ein neues Zuhause. Solche Massenwanderungen finden im Sommer immer wieder statt und rufen Tierschützer auf den Plan, um den Lurchwesen einen gefahrlosen Wechsel über dichtbefahrene Straßen zu ermöglichen.

Eine vernünftige Erklärung für Froschregen? Nicht wirklich. Viele Beobachter schwören, die Tiere seien tatsächlich einer Wolkendecke entsprungen, auf Regenschirme von Passanten geschlagen und erst dann zu Boden gefallen. Sogar Froschlaich, gallertartige Hüllen mit Hunderten Eiern, wurden auf den Blättern der Büsche entdeckt, als das »Wunder« auftrat – so geschehen im Juni 1979 in *Bedford*, Hauptstadt der englischen Grafschaft Bedfordshire. Wie sollte der Froschnachwuchs auf die Sträucher gelangt sein, wenn nicht aus himmlischer Höhe?

Die wissenschaftliche Lösung dafür lautet: Orkanartige Wirbelstürme und trichterförmige Windhosen nahmen die Viecher irgendwo auf, transportierten sie durch die Luft und warfen sie andernorts zur Erde herab. Ein Argument, das auf den ersten Blick einfach und logisch erscheint. Gut möglich, dass *einige* Ereignisse durch Wirbelwinde eine Aufklärung finden, aber eben nicht alle. Wie sind jene historischen Quellen zu verstehen, die von einer *mehrtägigen* Plage berichten? Kein Tornado hält so lange an. Warum sind meist nur Tiere *einer* einzigen Gattung betroffen? Und weshalb findet man so gut wie nie Pflanzen oder schlammige Sedimente von Teichen und Seen? Von dort müssten die Wassertiere ja stammen – oder? Die Überwindung riesiger Entfernungen sorgt ebenfalls für Verblüffung: Am 26. Januar 1911 regnete es bei *Colombo* auf Sri Lanka Tausende Schlangen, die in der Fauna der asiatischen Insel völlig unbekannt waren. Tierregen als verrücktes Wetterkuriosum? Fantasten denken an Zeitrisse, Schleusen in andere Dimensionen oder Teleportationen und Beameffekte, wonach Dinge sich in nichts auflösen, um an einem anderen Ort wieder aufzutauchen. Meteorologen sehen das Problem naturgemäß realistischer. Sie bemühen sich seit Jahrzehnten um eine Klärung für das facettenreiche Phänomen. Zufriedenstellend ist das allerdings bisher nicht gelungen.

Ein anderes Froschrätsel ist heute beinahe in Vergessenheit geraten: Kröten, die über lange Zeit in Hohlräumen von Felsen eingeschlossen waren – und dennoch dem Tode trotzten. Ein anschauliches Beispiel liefert der englische Geologe *White Watson* aus Derbyshire in seinem Bericht aus dem Jahre 1811. Darin wird vermerkt, dass man »1795 in Bolsover Field beim Aufbrechen eines eineinhalb Tonnen schweren Kalksteinblocks eine lebende Kröte entdeckte, die indessen gleich verendete«. Ein anderer Report aus dem Jahr 1835 erwähnt einen Augenzeugen namens *John Bruton*. Der Brite stand damals in unmittelbarer Nähe einer Eisenbahnschneise nahe der Industriestadt Coventry. Plötzlich kam es zu einem Zwischenfall: Ein heranrollender Güterwaggon verlor einen Sandsteinblock, der – nur knapp an Bruton vorbei – eine Böschung hinabrollte. Der Stein brach auseinander, und eine lebende Kröte kam zum Vorschein. Sie war am Kopf verletzt. Bruton wollte sie pflegen und nahm das Tier mit in sein Büro. Zehn Tage überlebte die Kröte, dann starb sie an ihren Verletzungen.

Erfundene Märchen? Täuschung oder Betrug? Könnte man glauben. Doch ein paar hundert dokumentierte Fälle, wo unabhängig voneinander Zeugen aus unterschiedlichen Epochen stets die gleiche Wahrnehmung hatten, machen stutzig. Schon einer der ersten überlieferten Berichte strapaziert den Verstand. Er stammt von dem berühmten französischen Chirurgen und Wunderarzt *Ambroise Paré* (1510–1590). Dieser erwähnt, dass er im Jahr 1575 auf seinem Weingut bei Meudon zugesehen habe, wie Arbeiter »einige sehr große und harte Steine zerteilten. In der Mitte eines Steinblocks fanden wir eine große Kröte, die noch lebte. Es gab keine Öffnung, durch die sie dorthin hätte gelangen können …«

Können Amphibien in komplett eingeschlossenen Räumen überleben? Vielleicht sogar Jahre oder, wie früher behauptet, sogar Jahrhunderte? Doch wie sollten die Tiere ins Innere eines verschlossenen Gesteins gelangt sein? Bekannt ist, dass Lurchtiere wahre Überlebenskünstler sind. Seit Jahrmillionen haben sie ausgeklügelte Strategien entwickelt, die ihnen ein Überleben unter extremen Bedingungen ermöglichen. Bestimmte Arten können längere Trockenheit durch tiefes Eingraben im Wüstenboden überdauern. Ein Wasserverlust bis zur Hälfte des Körpergewichts stellt kein Problem für sie dar. Manche afrikanische Froscharten ertragen direkte Sonneneinstrahlung und Temperaturen bis zu 50 Grad Celsius. Andere graben sich in Schlamm ein, verkriechen sich in Erdlöcher, senken ihren Energiebedarf aufs notwendigste und verfallen in eine Winterstarre. Selbst in fest gefrorenem Morast gelingt es ihnen, die kalte Jahreszeit zu überdauern.

Wenn das über Monate möglich ist, warum nicht ebenso über Jahre oder sogar beliebig lange? Das fragten sich bereits viele Gelehrte im 19. Jahrhundert, als das Thema besonders häufig von sich reden machte. Ein Mann, der es pedantisch genau wissen wollte, war der zu seiner Zeit führende Naturforscher *William Buckland* (1784–1856). Er war Professor für Paläontologie in Oxford und Präsident der Geological Society of London. Und er hatte eine Marotte: Ausgrabungen, Feldforschung und Untersuchungen wurden grundsätzlich immer in akademischer Robe und einem großen Zylinder abgehalten.

Unsinnig muten seine Methoden zur Wahrheitsfindung an. Ein Experiment ist legendär: Buckland verwendete dafür zwei Steinblöcke mit jeweils zwölf gemeißelten Hohlräumen. Einer bestand aus *porösem* Kalkstein, der andere aus *undurchlässigem* Sandstein. In die Kammern der beiden Steine wurden insgesamt 24 lebende Kröten gesetzt, kleinere und größere Exemplare. Anschließend wurden die steinernen Kerker mit einer Glasscheibe und einer Schieferplatte versiegelt. Als Depot hatte man den Garten des Forschers auserkoren. Das Protokoll vermerkt dazu explizit, dass die Versuchsobjekte am 26. November 1825 einen Meter unter der Erde vergraben wurden. Als sie ein Jahr später, am 10. Dezember 1826, wieder an die Oberfläche geholt wurden, fand Buckland alle Tiere in den undurchlässigen Hohlräumen tot vor. Offensichtlich waren sie schon Monate zuvor erstickt oder verhungert. Im durchlässigen Kalkstein hingegen hatten die größeren Kröten überlebt. Auf Zeit. Buckland verlängerte ihre Gefangenschaft um ein weiteres Jahr, bevor auch ihr Quaken im Namen der Wissenschaft endgültig verstummte.

Experiment geglückt, Patienten tot! Für den emsigen Naturforscher war somit der klare Beweis erbracht worden, dass Kröten ohne Luftzufuhr kein Jahr im Gestein überleben können. Mit Luftzufuhr ebenso nicht. Es sei denn, sie haben genug *Nahrung*.

Die Lösung für die Streitfrage sah Professor Buckland »in den Lebensgewohnheiten dieser Kriechtiere und der Insekten, die ihnen als Nahrung dienen« und resümierte: »Kaum nämlich hat die junge Kröte das Kaulquappenstadium durchlaufen und das Wasser verlassen, sucht sie in Höhlungen und Ritzen von Felsen und Bäumen Unterschlupf. Ein solches Tier, das durch eine sehr enge Öffnung in eine Höhlung gelangte und hier dank der Insekten, die gleichfalls gern in solchen Hohlräumen Unterschlupf suchen, einen reich gedeckten Tisch vorfindet, kann rasch so dick werden, dass es durch die enge Einlassöffnung nicht mehr hinausgelangt. Ein so kleiner Spalt aber wird von Arbeitern, die ja als Einzige bei ihrer Tätigkeit Höhlungen im Inneren von Stein und Holz freilegen, sehr leicht übersehen.«

Diese Erklärung dürfte ebenso für die eiförmige Geode zutreffen, die zwei Steinmetze 1899 in *Lewes* freilegten. Beim Zerschlagen wurde in ihrem Hohlraum eine mumifizierte Kröte sichtbar. Bei genauerer Prüfung des Steines entdeckten Geologen eine winzige, teils mit Kalk verstopfte Öffnung, die vom Innenraum bis an die Oberfläche führte. Ein Detail, das zunächst niemand aufgefallen war. Durch die Öffnungen oder Poren des porösen Gesteins drang Luft, die ein Ersticken verhinderte. Die eingeschlossene Kröte könnte zusätzlich einen Geruch abgesondert haben, der kleine Insekten anzog, für Nahrung sorgte und ein Überleben im Loch lange Zeit ermöglichte. Das merkwürdige Exemplar ist wahrscheinlich das einzige seiner Art. Jetzt befindet es sich im Booth Museum von Brighton in Südengland.

Vorbehalte gibt es dennoch, wenn man weiß, dass das Unikat ein Sammlerstück von *Charles Dawson* (1864–1916) war. Der britische Rechtsanwalt und Amateurarchäologe galt als einer der Hauptverdächtigen im berühmten Hominidenschwindel von *Piltdown*. Um 1908 förderte Dawson nahe dem Dorf *Uckfield* in der Grafschaft Sussex Knochenfunde zutage, darunter Fragmente

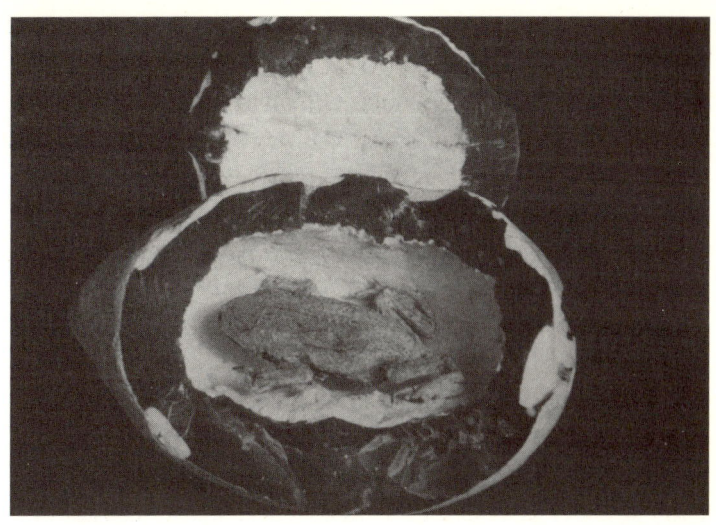

Im Inneren von komplett geschlossenen Steinen wurden immer wieder Kröten gefunden. Unerklärlicherweise waren manche bei ihrer Entdeckung noch am Leben. Wie gelangten sie in den Fels? Dieses Exemplar wurde 1799 im englischen Sussex entdeckt. (Bild: Booth Museum of Natural History, Brighton)

eines menschlichen Schädels. Bald darauf sprach die Gelehrtenwelt von einem Sensationsfund, der die wissenschaftlichen Hypothesen zur Abstammungslehre beeinflusste. Für Experten des Natural History Museum in London waren die Knochen der lang gesuchte Beweis für das *Missing Link* – das fehlende Bindeglied zwischen Mensch und Affe. 1912 wurde bei Piltdown ein weiterer Schädel ausgegraben, der diese These stützen sollte. Erst 1953 stellten sich die Funde als geschickte wissenschaftliche Fälschung heraus. Es konnte nie bewiesen werden, ob Dawson an dem Schwindel beteiligt war oder selbst Opfer eines Fälschers wurde. Allerdings glauben nur wenige, dass Dawson über das technische Wissen verfügte, um einen solchen Betrug alleine auszuführen. Wer, so rätselt die Fachwelt seither, war der unbekannte Experte?

Wusste »Mister X« auch um das Geheimnis der Kröte in Stein? Liegt im Museum von Brighton lediglich ein Kunstprodukt? Obwohl Zweifel erlaubt sind, spricht ein überzeugendes Argument für die Echtheit des Fundes: Das Phänomen der »Kröten in Löchern« hat bis in die Gegenwart überlebt, wenn auch in abgewandelter Form. Der britische Zoologe *Karl P. H. Shuker* kennt ein Beispiel aus jüngerer Zeit: »Im Oktober 1995 sammelten Schüler der Rhyl High School in Nordwales Abfälle bei einem überwachsenen Tümpel. Dabei entdeckten sie eine alte Dose mit Ringverschluss, in der ein fünf Zentimeter großer, lebender Frosch saß. Der Frosch, jetzt größer als die Öffnung der Dose, muss in dieser gewachsen sein, und war vielleicht – da das Abfalldatum 1994 zeigte – länger als ein Jahr darin eingeschlossen. Er hat zweifelsohne überlebt, weil er sich von Insekten und anderen kleinen Lebewesen ernährte, die in die Dose eindrangen, und durch Regen und Tau Feuchtigkeit zugeführt bekam.«

Totgesagte leben eben länger!

Das Geheimnis
von Mawangdui

»Nicht das Sterben, das Überleben ist hart.«
PETER ROSEGGER (1843–1918)

Unerklärliche Konservierung und prähistorische Luftbildvermessung

Fundort: Im Hügel von Mawangdui, vier Kilometer nordöstlich von Changsha, der chinesischen Provinz-
hauptstadt von Hunan. Anfang der 1970er Jahre
legten Archäologen drei Grabkammern der
Fürstenfamilie von Dai frei.

Besonderheit: Im »Grab Nr. 1« entdeckte man die unverweste
Leiche der Marquise von Dai, auch Lady Dai
genannt. Ihr richtiger Name war Xin Zhui, Gattin von Li Chang, dem Premierminister im Hof-
staat des Prinzen von Changsha. Eine Obduktion
ergab, dass immer noch Blut in den Adern der
Fürstin vorhanden ist. Die inneren Organe sind
in einem so guten Zustand, dass man annehmen
könnte, Lady Dai sei erst kürzlich verstorben.
Für Verblüffung sorgen ebenso mehr als 3000
Grabbeigaben. Darunter astronomische und me-
dizinische Werke, die fortschrittliche Kenntnisse
vermitteln.

Alter: Beginn der Westlichen Han-Dynastie (206 v. Chr.
bis 24 n. Chr.).

Aufbewahrung: Museum der Provinz Hunan, Changsha, Volksrepublik China.

Das Wissen über die Geschichte der Menschheit erweitert sich
ständig. Mit großem Engagement und wissenschaftlicher Akribie
werden in aller Welt die Zeugnisse der Vergangenheit aufgespürt,
interpretiert und in das bestehende Bild der jeweiligen Geschichts-
epoche eingebaut. Immer wieder gibt es überraschende Funde,

die zu Sternstunden der Archäologie werden. Problematisch wird die Sache dann, wenn das Aufgefundene nicht ins vorgefertigte Puzzle passen will. China, das einstige Reich der Mitte, liefert mit seiner für uns Europäer rätselhaften Kultur imposante Glanzlichter aus der Welt des Wunderbaren und Skurrilen. Vieles davon bereitet Wissenschaftlern nach wie vor schlaflose Nächte.

Die wohl ungewöhnlichsten Relikte aus Zentralchina sind in *Changsha*, der Hauptstadt der Provinz Hunan, zu besichtigen. Das im Jahre 1956 erbaute Stadtmuseum beherbergt 110 000 kulturelle und kuriose Objekte, darunter die sensationellen Funde aus dem nahe gelegenen Grabhügel *Mawangdui*.

Rückblende: Pioniere der Volksbefreiungsarmee waren im Januar 1972 damit beschäftigt, ein unterirdisches Militärlazarett anzulegen. In zwölf Meter Tiefe musste das Vorhaben eingestellt werden: Die Soldaten waren nach einem Erdrutsch auf eine helle, klebrige Schicht gestoßen, für die es zunächst keine plausible Erklärung gab. Beim Versuch, den Boden zu durchbohren, trat übelriechendes Gas an die Oberfläche und begann, ausgelöst durch ein Zündholz, zu brennen. Der starke Druck aus dem Bohrloch entfachte ein hitziges Flammenmeer, das nur mühsam mit Lehmsäcken eingedämmt werden konnte.

Eilends herbeigerufene Archäologen aus dem städtischen *Hunan Museum* wurden mit der weiteren Erforschung befasst. Am 16. Januar, nur wenige Tage nach der zufälligen Entdeckung durch die Volksarmee, gruben Wissenschaftler im östlichen Teil des kegelförmigen Tumulus eine gewaltige Begräbnisstätte aus, die wie eine auf dem Kopf stehende Pyramide ins Berginnere führt. Die unterirdische Anlage wird als »Grab Nr. 1« bezeichnet. Zwei weitere Krypten wurden Monate später gefunden und ermöglichten die Zuordnung und Datierung. Demnach war das unterirdische Mausoleum die letzte Ruhestätte für drei Angehörige der mächtigen Adelsfamilie von Dai aus der frühen Westlichen

Han-Periode: *Li Chang*, »Kanzler des Königreichs Changsha«, seine Gattin *Xin Zhui*, die »Marquise von Dai«, und eine dritte Grabkammer für den gemeinsamen Sohn.

Was die Experten gleich zu Beginn bei der Freilegung des ersten Grabes irritierte: Die Unterschicht und die zentrale Kammer mit dem Sarkophag waren einen Meter hoch voll gefüllt mit weißer, klebriger Tonerde. Darunter lag eine isolierende Holzkohleschicht mit einem Gewicht von fünf Tonnen. Sie war von den Architekten der Anlage zum Schutz gegen Feuchtigkeit angelegt worden. Der Abtransport des Materials füllte vier Lastwagen. Der Sarkophag war außerdem mit Dutzenden Bambusmatten geschützt, die dem Bergungsprotokoll zufolge frisch und grün aussahen, so als wären sie gerade hinterlegt worden. Kaum an der Erdoberfläche, verwelkten die Halme in nur wenigen Minuten. Die fehlende kühle Luft aus der Tiefe wird als Erklärung dafür angenommen. Jedenfalls herrschten am Boden des Mausoleums eisige Temperaturen wie in einem Kühlschrank. Offensichtlich wussten die Erbauer der Grabstätte, dass diese Bedingungen eine unversehrte Konservierung begünstigen.

Nachdem die Archäologen sich Zugang zur Kammer »Grab Nr. 1« verschafft hatten, standen sie vor einer ausgeklügelten Konstruktion, die aus vier kunstvoll ineinander verschachtelten Sarkophagen bestand. Der äußerste war rund sieben Meter lang, fünf Meter breit und drei Meter hoch. Als sie die innerste Totenbahre öffneten und den Inhalt erblickten, stockte den Gelehrten der Atem: Die Ruhestätte war gefüllt mit 80 Liter gelber Flüssigkeit. Darin »schwebte« die in 20 Seidentücher eingewickelte Leiche einer Frau, die perfekt konserviert und nicht verwest war – Lady Dai! Die Dame wirkte für eine Tote, die vor über zwei Jahrtausenden beerdigt worden ist, unglaublich »lebendig«. Wodurch wurde dieses »Wunder« bewirkt?

Unversehrte Leichname hat man schon vielerorts entdeckt. Die

Heilige Bernadette von Lourdes, die 1879 verstarb, ist ein Fall aus jüngerer Zeit. Ihr Körper wurde 1909 und 1919 exhumiert, ohne dass Anzeichen eines Verfalls erkennbar waren. Beigelegte Kruzifixe waren hingegen verrostet und mit Grünspan überzogen. Der unverweste Leichnam der Seherin kann in der Kirche des Klosters *St. Gildard* in Nevers, 260 Kilometer südlich von Paris, bewundert werden.

Nicht ganz so »taufrisch«, aber immer noch recht gut erhalten zeigen sich viele Mumienfunde aus Südamerika und auf den Kanarischen Inseln. Wahre Meister in der Konservierungskunst waren die Priester im Alten Reich der Pharaonen. Damit der Körper im heißen Klima nicht verwest, wurde er nach spezieller Behandlung mit dem Mineralstoff Natron *künstlich* getrocknet und in Leinen gewickelt.

Was Menschen im Altertum durch komplizierte Methoden mehr oder weniger erfolgreich zustande brachten, schafft das saure und in der Tiefe sauerstofffreie Moorwasser auf natürlichem Weg: Die Gesichtszüge des 1950 in Dänemark aufgefundenen *Tollund-Mannes* (aufbewahrt im Museum von *Silkeborg* in Jütland) sind so perfekt erhalten, dass zunächst der Verdacht bestand, man hätte es mit einem zeitgenössischen Mordopfer zu tun. Ermordet wurde der arme Mann tatsächlich um 350 v. Chr. mit einem Strick – erhängt oder erwürgt und dann bestattet im Hochmoor.

Die Gletschermumie vom Hauslabjoch in den Ötztaler Alpen, weltbekannt als *Ötzi*, ist ein weiterer Beleg dafür, dass extreme Bodenbedingungen, Luftfeuchtigkeit und Temperaturen relevant dafür sein können, dass selbst eine Steinzeit-Leiche sich wohlbehalten ins 21. Jahrhundert hinüberretten kann. Dem Tode nahe, war Ötzi auf der Flucht. Ein Pfeil traf ihn im linken Schulterblatt, ehe er an seinen Verletzungen verstarb. Erst 5300 Jahre später wurde die Mumie zufällig entdeckt, nachdem sie der Gletscher wieder freigab. Seit 1998 ruht der Tote in einer Hightech-Kühlzelle des Südtiroler Archäologiemuseums in *Bozen*, wobei die Bildung von Bakterien den Konservierungsexperten ernsthaft zu schaffen macht. Das Beispiel der Eismumie zeigt, wie schwierig die Bemühungen sind, Körpergewebe durch künstliche Methoden zu erhalten. »Die Konservierung ist für die moderne Forschung eine große Herausforderung«, bestätigt die Museumsleitung.

Wie aber haben die alten Chinesen vor mehr als 2100 Jahren dieses Bravourstück geschafft? Womit konnte der Verwesungsprozess bei Lady Dai verhindert werden? Warum sind ihre Muskeln und das Zellgewebe nicht längst zersetzt? Und wie ist es möglich, dass ihre Haut immer noch elastisch und die Gelenke beweglich sind? Jahrzehnte nach der spektakulären Entdeckung wissen Wissenschaftler immer noch nicht, *wie* dieser alchemistische »Zaubertrick« gelang. So viel steht fest: Wer immer den Leichnam für die Nachwelt perfekt präpariert hatte, muss sein Handwerk meisterhaft verstanden haben. Lady Dai ist nicht durch Austrocknung oder künstliche Mumifizierung wie im alten Ägypten konserviert worden, sondern durch ein völlig unbekanntes Verfahren. Etwas Vergleichbares wurde vor der Entdeckung der Mawangdui-Gräber nirgendwo gefunden. Die chemische Zusammensetzung des Wassers, in dem der Körper konserviert wurde, konnte bislang nicht analysiert werden. Spekuliert wird darüber, ob es sich um eine säurehaltige Substanz handelt, vermengt mit Spuren von Zinnober, die Fleisch zersetzende Bakterien abgetötet haben könnten.

Eine Autopsie, die von Wissenschaftlern an der medizinischen Fakultät der Universität in Changsha vorgenommen wurde, hat noch mehr Besonderheiten herausgefunden: Die Leiche von Lady Dai lag auf dem Rücken, das Haupt nach Norden gerichtet. Ihre beiden Augäpfel waren herausgefallen und die Zunge aus dem geöffneten Mund gestreckt. Das Gehirn der Verstorbenen und andere Organe waren bis auf die Hälfte geschrumpft, behielten aber ihre ursprüngliche Form und sind sonst unversehrt. Lady Dai besitzt noch alle inneren Organe, die den Eindruck von frischen Eingeweiden vermitteln. Für Pathologen nahezu unfassbar: Die Venen der toten Aristokratin sind immer noch mit Blut der Gruppe A gefüllt! Spannend aufbereitet wurde dieses Mumienrätsel von dem Neuseeländer *Steven R. Talley,* der im Jahr 2004 einen Dokumentarfilm über die Untersuchungen drehte.

Zu Lebzeiten brachte Lady Dai ein Gewicht von 75 Kilogramm auf die Waage. Bei 1,54 Körpergröße recht üppig. Die wohlgenährte Gattin des Premierministers liebte das süße Leben. Sie litt an allerlei »Zivilisationskrankheiten«, die uns aus der Gegenwart bekannt vorkommen: Übergewicht durch Schlemmerei und Bewegungsmangel, Verengung der Herzkranzgefäße, Gallensteine, Osteoporose, Rückenbeschwerden, Parasiten im Darm und ein schmerzhafter Bandscheibenvorfall wurden diagnostiziert. Da darf es nicht weiter verwundern, wenn ungesunde Ernährung bei der noblen Dame als Todesursache genannt wird. Erstaunlich ist allerdings der Umstand, dass in ihrer Speiseröhre, im Magen und im Darm 138 ganze und ein halber Melonenkern zu finden waren. In der Stunde ihres Todes muss die Fürstin sehr hastig das Obst verspeist haben, samt Kernen, die unverdaut geblieben sind. Fettablagerungen, Arterienverstopfung und ein Stein, der den Gallenduktus versperrte, führten schließlich dazu, dass die Marquise von Dai zwischen 178 und 145 v. Chr. das Zeitliche segnete. Sie war damals etwa 50 Jahre alt.

Da ihr Leichnam auf nicht geklärte Weise unversehrt blieb, haftet der Marquise von Dai ein Hauch von Unsterblichkeit an. Das war der Zweck der genialen Einbalsamierung. Von Anfang an hatten die Meisterarchitekten des Mausoleums alles unternommen, um die Verstorbene völlig intakt ins Totenreich zu schicken. Dafür

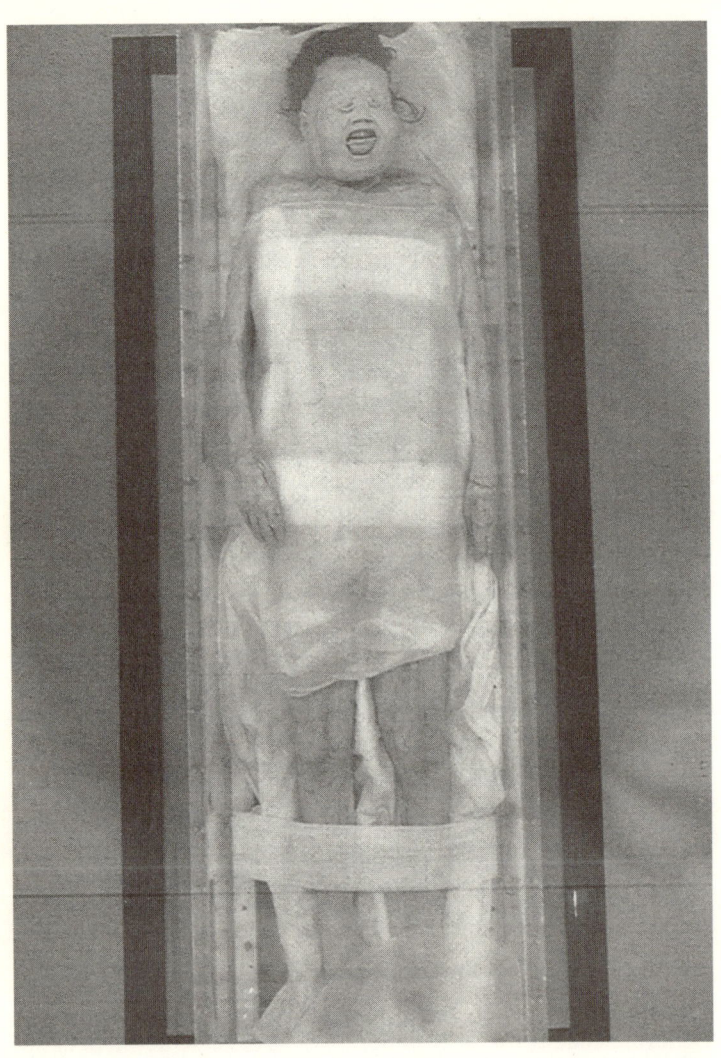

Die perfekte Leiche: Die beinahe 2200 Jahre alte Mumie der Marquise von Dai ist nahezu unversehrt. Sie lag in einem Sarg, der mit einer rätselhaften Flüssigkeit gefüllt war. Ihre chemische Zusammensetzung ist bis heute unbekannt. (Bild: Hartwig Hausdorf)

wurde der Leichnam in einen dichten Seidenkokon gewickelt und in den Sarg gelegt, gefüllt mit geheimnisvoller Flüssigkeit, die als Lebenselixier wirkte.

Die Sargkonstruktion, bestehend aus vier exakt ineinanderpassenden Särgen mit Holzumschlag, ist mit einer dicken *Lackschicht* überzogen. Sie bot zusätzlich Schutz vor Grundwasser, Luftzufuhr und dem Zahn der Zeit. Bakterien, die normalerweise den Körper sofort nach Eintritt des Todes zersetzen, hatten hier wenig Chance, ins Innere des Totenbettes vorzudringen. Lack ist ein kunststoffartiger Überzug und besitzt außerordentliche Konservierungseigenschaften, Widerstandsfähigkeit und Haltbarkeit. Auch Hitze bis 260 Grad Celsius kann ihm nichts anhaben. Der Amerikaner *John Wesley Hyatt* (1838–1920) gilt als Entdecker des ersten thermoplastischen Kunststoffs. Mit der Verwendung des *Bakelits* begann vor 100 Jahren der Aufschwung der westlichen Kunststoffindustrie. In China ein alter Hut. Dort wurde mindestens 3000 Jahre früher natürlicher Kunststoff von Lackbäumen gewonnen und für gewerbliche Techniken eingesetzt.

Noch etwas erstaunt: Bereits im 2. Jahrhundert v. Chr., also genau in jener Epoche, als die Mawangdui-Gräber entstanden, entdeckten die Chinesen eine wichtige chemische Eigenschaft von Lack: Sie konnten verhindern, dass eine Aushärtung durch Verdunstung entsteht. Es klingt wie ein Witz – aber sie warfen Krebse in den Lack, um ihn flüssig zu halten!

Tatsächlich enthält das Gewebe von Krustentieren hochwirksame Chemikalien, die bestimmte Enzyme blockieren, so auch dasjenige, das den Lack aushärten lässt. Dazu bemerkt der bedeutende englische Biochemiker und Chinaexperte *Joseph Needham* (1900–1995): »Ein derart tiefgreifender Eingriff in den natürlichen Ablauf der Dinge – gleichsam Unterbindung einer spontan einsetzenden Verhärtung und des Alterungsprozesses – muss für die Alchemisten jener Zeit von sehr großer Bedeutung gewesen sein. Denn sie wollten ja die Jugendlichkeit bewahren und fragten sich, wie der natürliche Alterungsprozess beim Menschen (Gelenksteifheit und Tod) verzögert beziehungsweise ganz aufgehalten werden konnte. Schließlich zeigt das Gewebe von Krustentieren noch eine andere Wirkung. Untersuchungen haben ergeben, dass es einen starken, wenn auch etwas rätselhaften Hemmer der d-Aminosäure-Oxydase enthält.«

Mit anderen Worten: Wir haben es mit einem antiken Vorläufer moderner *Biochemie* zu tun! Die besonderen Eigenschaften von Lack galten im alten Reich der Mitte als Symbol für Unsterblichkeit. Gegenstände, die mit dieser kunststoffartigen Substanz überzogen waren, übertrafen Bronzearbeiten an Wert. Somit wird verständlich, weshalb hochrangige Persönlichkeiten wie die Adelsfamilie von Dai in verzierten Lacksärgen zur Ruhe gebettet wurden.

Das Staunen wird noch größer, wenn wir uns den Tausenden Objekten widmen, die als Grabbeigaben im Mawangdui-Mausoleum entdeckt wurden: Mehr als zwei Drittel davon diente dem leiblichen Wohl der Marquise. Lady Dai sollte auch im Jenseits mit ihren Lieblingsspeisen versorgt sein, die in 30 Bambuskörben aufbewahrt in einer Kammer lagen. Große Mengen an Geschirr aus Lack und Keramik standen ebenso zur Verfügung wie Kleidung, seltene Musikinstrumente und kleine, geschnitzte Holzfiguren. Genauso wie die Uschebti-Idole im alten Ägypten wurden die chinesischen Genossen als Gehilfen und Bewacher mit ins Grab gegeben.

Eine Schatzkammer mit mehr als 1400 Textilwaren wurde freigelegt, darunter meterlange Kostüme aus hauchdünner Seide, die nicht mehr als 28 Gramm wiegen. Sie sind mit einer raffinierten Webtechnik so fein verarbeitet worden, dass sie gefaltet in einer Hand Platz haben.

Ein Meisterwerk chinesischer Seidenmalerei ist das zwei Meter

Das »Fliegende Gewand« der Marquise von Dai. Dargestellt ist der Aufstieg von der Menschen- in die Götterwelt. Der mythologische Inhalt wird in schamanistischer und kosmologischer Glaubensvorstellung vermutet. (Bild: Hunan Museum, Changsha)

lange Leichentuch der Marquise. Es wird von Archäologen ebenso als »Seelenbanner« oder »Grabbanner« bezeichnet, das vielleicht im Trauerzug mit einer langen Holzstange getragen und
geschwenkt wurde. Es besteht aus feinen Seidenstücken, die zu-
sammengenäht wurden und der Form nach an den Buchstaben
»T« erinnern. In der ursprünglichen Inventarliste, die in »Grab
Nr. 3« auf Holz- und Bambustäfelchen vermerkt aufgefunden
wurde, lautet die Titulierung *Fei Yi*, was übersetzt »Fliegendes
Gewand« bedeutet. Es lag auf dem innersten Deckel ihres vier-
schichtigen Sarges, wobei die rot-gelb bemalte Vorderseite Lady
Dai zugewandt war.

Was uns die Banner-Motive zu erzählen haben, darüber sind sich
die Fachexperten in vielen Punkten der Interpretation noch uneins. Nur so viel: Kosmologische und schamanistische Glaubensvorstellungen sollen eine tiefere Rolle dabei spielen. Einig sind
sich die Gelehrten dahingehend, dass die Darstellungen in drei
Bereiche gegliedert sind: Unterwelt, Erde und Himmel. Details
illustrieren die Jenseitsreise von Lady Dai, den Aufstieg ihrer
Seele Hun zur Unsterblichkeit, den Schutz, der ihr dabei zuteil-
wird, und die Verbindung zwischen Götter- und Menschenwelt.

Aufschlussreicher im Inhalt und doch kaum zu begreifen ist die
außergewöhnliche Bibliothek aus dem Gräberfund von Mawangdui. Manche Schriftstücke wurden auf Rollen gewickelt, die
meisten lagen jedoch zusammengefaltet in Lackschachteln. Was
dabei auf Seide sowie Holz und Bambustafeln an erstaunlichem
Wissen hinterlassen wurde, sprengt den Rahmen unserer land-
läufigen Vorstellungskraft. Zehn aufgefundene Werke über Heil-
kunst beweisen, dass bereits in der Vorzeit komplizierte chirurgi-
sche Eingriffe, etwa die Entfernung eines Tumors, vorgenommen
wurden. Im *»Buch der 52 Krankheiten«* werden Symptome beschrieben und Rezepte genannt, die von der modernen westlichen
Medizin erst vor rund 100 Jahren diagnostiziert wurden. Und im

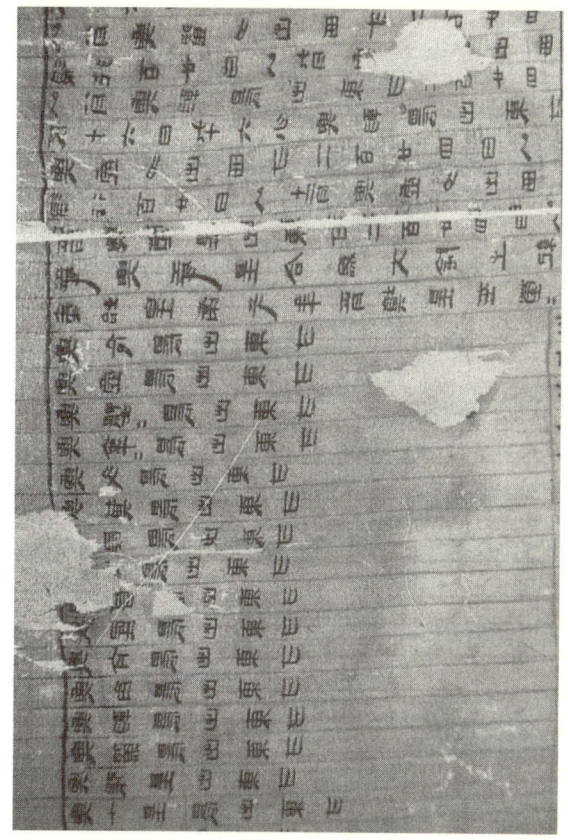

Das Manuskript »Umläufe der fünf Planeten« enthält Bahndaten von Himmelskörpern, die nur minimale Abweichungen zur modernen Astronomie aufzeigen. (Bild: Hartwig Hausdorf)

Werk über »*Die elf Arten des Pulses*« erfahren wir über Gefäßerkrankungen, die unserer Lehrmeinung folgend erstmals der deutsche Arzt *Ludwig Traube* (1818–1876) beschrieb – 2000 Jahre nach den Chinesen!

Woher hatten die altchinesischen Mediziner ihre fortschrittlichen

Fähigkeiten? War es die Folge mühsamer Forschung? Dann müssten die Ursprünge dieser Geistesblitze noch weiter in die Vergangenheit zurückreichen. Die gleiche Frage stellt sich zum astronomischen Fachwissen. Ein Manuskript auf Seide trägt den Titel »*Umläufe von fünf Planeten*«. Unglaublich, aber in den Aufzeichnungen werden die Umlaufzeiten der Planeten Merkur, Venus, Mars, Jupiter und Saturn um unser Zentralgestirn genau aufgelistet. Die Abweichung bei den Bahndaten sind minimal. Eine synodische Periode – die Zeit, die ein Himmelskörper zum Wiedererreichen derselben relativ zur Sonne gesehenen Position einnimmt – wird am Beispiel der Venus mit 584,4 Tagen angegeben. Astronomen der Gegenwart errechneten dafür einen Wert von 583,9 Tagen!

Höhepunkt der aufgefundenen Wunderdinge: drei topografische Landkarten. Eine davon wird im Grabungsbericht eher nebenbei erwähnt, stellt aber alle bisherigen Entdeckungen in den Schatten. Auf einem quadratischen Seidentuch mit einer Seitenlänge von 96 Zentimetern sind Regionen der aneinandergrenzenden Provinzen Guangxi, Guangdong und Hunan kartografisch dargestellt – exakt im Maßstab 1:180 000! Was dabei besonders verwirrt: Flüsse und Landstriche sind so verzeichnet, als wären sie aus dem Erdorbit erfasst worden. Vergleiche mit Satellitenaufnahmen der NASA bestätigen diesen Eindruck. Dennoch kann die Karte kein Weltraumfoto sein, handelt es sich doch nachweislich um eine Seidenmalerei. Bleibt eigentlich nur die Möglichkeit, dass die Kartografen der Vorzeit aus anderen Quellen geschöpft haben und die transparente Seide zum Durchpausen verwendeten, um eine exakte Kopie des Originals zu erstellen. Doch welcher Genius sollte vor Jahrtausenden das technologische Know-how für Luftbildvermessungen besessen haben? Unserem Wissensstand nach niemand. Für honorige Prähistoriker aus China ein beunruhigender Gedanke.

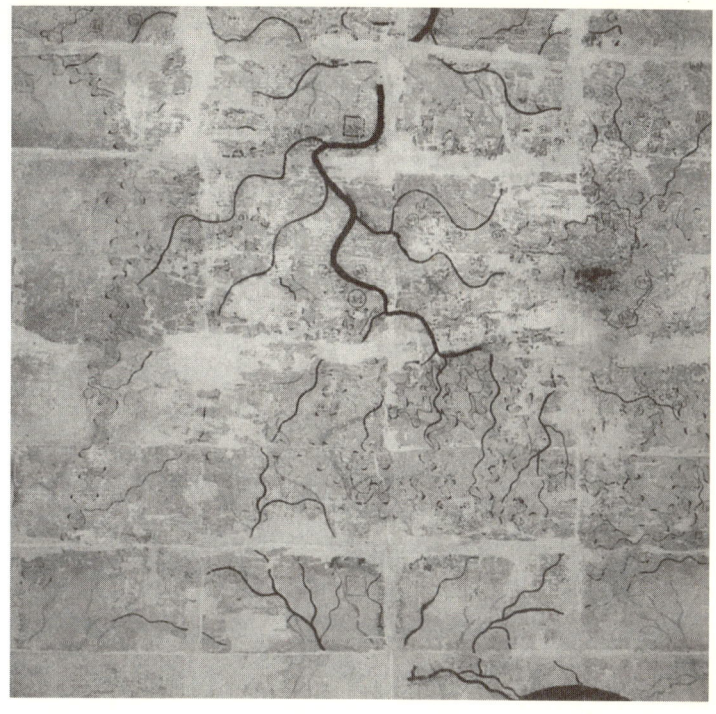

Die Landkarte aus dem »Grab Nr. 3« in Mawangdui zeigt topogra-
fische Eigenschaften, die man nur durch Luftbildvermessungen er-
zielen kann. (Bild: Reinhard Habeck)

Einer, der unumwunden zugibt, keine plausible Erklärung für das
topografische Rätsel aus Mawangdui zu besitzen, ist der Archäo-
logieprofessor *Wang Shiping* aus Xian: »Wenn es nicht so fantas-
tisch klingen würde, müsste man sagen, das Vorbild für diese
Karte ist eine Aufnahme aus dem Erdorbit, die vor Jahrtausenden
von einem fremden Satelliten gemacht worden ist.«

Die embryologische Scheibe

»Nirgendwo in der Geschichte finden wir einen Anfang,
sondern immer eine Folge.
Wie können wir aber das Ende verstehen,
wenn der Anfang ein Geheimnis bleibt?«
JOHANN JAKOB BACHOFEN (1815–1887)

Uralte Fruchtbarkeitssymbolik, verewigt wie in einem modernen Lehrbuch für Medizin

Fundort: Nicht gesichert. Der Besitzer des Gegenstandes – Kunstsammler und Industriedesigner Professor Jaime Gutierrez – verbürgt, ein Schatzsucher hätte ihm in den 1970er Jahren das Stück zum Kauf angeboten, nachdem Museen kein Interesse dafür gezeigt hatten. Der Mann beteuerte, der Fund sei bei der Verlegung einer Wasserleitung auf seiner Finca am Stadtrand von Bogotá, der Hauptstadt Kolumbiens, freigelegt worden.

Besonderheit: Mattschwarzer Diskus mit einem Loch in der Mitte. Der Stein misst 22 Zentimeter im Durchmesser, wiegt etwa zwei Kilogramm und besteht aus Lydit. Vorder- und Rückseite zeigen reliefartig gestaltete Bildersymbole, die ein erstaunliches Wissen über die Geschichte des Lebens illustrieren. Mediziner bestätigen, dass embryologische Wachstumsphasen auf der Scheibe dargestellt sind.

Alter: Geologen der Universität von Bogotá datieren die Scheibe zurück in eine präkolumbische Epoche, mutmaßlich in die Anfänge der Muisca-Kultur oder ihrer Vorgänger. Diese Ethnie stammt aus der Sprachgruppe der Chibcha im Hochland von Bogotá. Der Beginn ihrer Kultur wird um 500 v. Chr. angesetzt. Wissenschaftler, die den Diskus 2001 am Naturhistorischen Museum in Wien untersuchten, konnten keinen Hinweis finden, der auf eine neuzeitliche Fälschung schließen lässt.

Aufbewahrung: Sammlung Jaime Gutierrez Lega, Bogotá, Kolumbien

Im Norden Südamerikas liegt die Republik Kolumbien. Der Name erinnert an *Christoph Kolumbus* (1451–1506) und seine Kampfgefährten der damaligen Großmächte Spanien und Portugal, die im 15. Jahrhundert die Neue Welt eroberten. Mit entsetzlichen Folgen für die indianischen Hochkulturen, die seit Jahrtausenden in dem Land siedelten. Die Fachwelt bezeichnet die Ära vor Kolumbus als *präkolumbisch*. Mit der »europäischen« Besitznahme und dem Beginn der Christianisierung gingen rund zwei Drittel der Urbevölkerung samt ihrem kulturellen Erbe zugrunde. Ein Großreich, wie etwa das der Inka, das weite Gebiete des südlicheren Südamerikas umfasste, gab es in Kolumbien nicht. Hier lebten viele kleinere, voneinander meist unabhängige Volksstämme. Nicht alle sind gründlich erforscht. Die Urgeschichte Lateinamerikas enthält immer noch viele weiße Flecken.

Für die Spurensicherung in Kolumbien gäbe es genug zu tun. Das wissen auch Archäologen, aber offizielle Ausgrabungen sind schwierig. Nicht nur weil es an nötigen Pesos fehlt. Seit 1964 herrscht in der Andenrepublik Bürgerkrieg. Linksgerichtete Guerillagruppen liefern sich bewaffnete Gefechte mit den rechtsgerichteten Paramilitärs. Archäologisch interessante Fundstellen liegen in schwer zugänglichen Gebieten, die von den Revolutionären Streitkräften kontrolliert werden. Die Konfliktparteien, die Drogenmafia und die organisierte Kriminalität, sie alle sind nicht gerade zimperlich, wenn es um Anschläge gegen die eigene Zivilbevölkerung geht. Von den Medien kaum beachtet: 200 000 Menschen hat das blutige Dilemma bisher das Leben gekostet. Entführungen argloser Menschen stehen nach wie vor auf der Tagesordnung. Nicht gerade günstige Bedingungen für friedliche Altertumsforscher, die möglichst ungestört Zeugnisse versunkener Kulturen aus dem Dschungel bergen möchten.

Das archäologische Betätigungsfeld bleibt vielerorts Schatzsuchern überlassen, die bevorzugt nach Gold buddeln. Im Amazonasgebiet sind über eine Million Menschen von dieser Goldgräber-Hysterie befallen, die erhebliche ökologische Schäden verursacht. »Der Raubbau bringt den Indios im Dschungel Tod und Verderben«, erfährt man dazu im Reiseführer, »und die Goldgräber und -wäscher schleppen Krankheiten ein, gegen die die abgeschieden lebenden Menschen nicht immun sind. Die Regierungen lassen die Goldgräber trotz zahlreicher Proteste jedoch gewähren, um sich nicht ein weiteres soziales Problem aufzubürden.«

Durch diese Politik sind viele Werke der Vergangenheit verlorengegangen. Aufgefundenes, das sich nicht gewinnbringend verhökern lässt, wird mutwillig oder aus Unachtsamkeit vernichtet. Durch unkontrollierte Grabungen bleiben viele Kunstobjekte in ihrer Herkunft ungeklärt. Selten finden solche Exponate einen Platz in offiziellen Museen. Erst recht, wenn es sich um Gegenstände handelt, die in kein bekanntes Bild vorgeschichtlicher Entwicklung passen. Da Vergleichsfunde meist nicht vorhanden sind, ist eine Klassifizierung mühsam. Exakte Untersuchungen bleiben aus, weil sich die genauen Fundumstände selten aufklären lassen. Für viele Wissenschaftler Grund genug, sich nicht mit diesen Merkwürdigkeiten zu beschäftigen. Über Umwege gelangen sonderbare Überbleibsel manchmal in Privatbesitz, wo sie den neugierigen Blicken der Öffentlichkeit entzogen sind. Kaum jemand erfährt von ihnen.

Etliche derartige Kuriositäten befinden sich in Obhut des namhaften Industriedesigners Professor *Jaime Gutierrez Lega*. Er ist

Präsident des kolumbianischen Designer-Verbandes ACD (Aso-ciacion Columbiana de Disenadores) und lehrte an drei Universi-täten des Landes Industriezeichnen. Seine Leidenschaft gilt seit Jahrzehnten der Archäologie und dem Sammeln außergewöhn-licher Artefakte aus Südamerika. Eine an die ägyptische Königin Nofretete erinnernde Frauenbüste aus dem Trümmerfeld von Tia-huanaco in Bolivien verblüfft dabei genauso wie schwarze Steine mit unbekannten Schriftzeichen oder »Zaubersteine« der Scha-manen in Gestalt unheimlich wirkender Fratzen. Die Regale sei-nes Bungalows in Bogotá sind überladen mit ausgefallenen Uni-katen. Noch mehr verborgene Fundsachen sind fein säuberlich in Schachteln verpackt, die sich im Archiv des Sammlers türmen.

Wundersames gibt es auch in seinem Wohnatelier zu bestaunen, das 20 Kilometer außerhalb der Metropole liegt, mitten im Zen-trum des ehemaligen *Muisca*- und *Chibcha*-Reiches. Diese in-digenen Volksgruppen bildeten die zahlenmäßig größte und am weitesten entwickelte Kultur im Gebiet des heutigen Kolumbien. Ihre Angehörigen verfügten über fortgeschrittene Kenntnisse auf dem Gebiet der Mathematik, benutzten für ihre landwirtschaft-lichen Tätigkeiten und religiösen Feste einen Kalender und be-saßen eine Hieroglyphenschrift. Ihr Heiligtum, die berühmte »Laguna de Guatavita«, wo die goldgierigen Spanier erstmals die Legende von »El Dorado« hörten, liegt nicht weit vom Domizil Gutierrez' entfernt. Enge, verschlungene Serpentinen führen hin-auf zu seiner imposanten Zitadelle aus Stein. Den Entwurf und die geniale Gestaltung seines Felsennestes hatte der Professor selbst vorgenommen. Für einen Wohnort makaber: Zwischen dem Gebäudekomplex befindet sich ein Höhleneingang, der in einen Gräberschacht führt. In acht Meter Tiefe fand der Hausherr zwei menschliche Skelette, die nach der vorgenommenen Alters-datierung zwischen 11 000 und 14 000 Jahre an diesem Ort gele-gen haben. Die Schädel geben Rätsel auf: Die Zähne im Unterkiefer stehen alle *quer* und nicht wie bei Menschen sonst üblich *parallel.*

Was Professor Gutierrez im Laufe der letzten Jahrzehnte an skurrilen Antiquitäten zusammengetragen oder zum Teil sogar selbst entdeckt hat, ist in der Tat unglaublich. Zu den Prunkstücken seiner Sammlung zählt eine schwarze, schallplattengroße Steinscheibe. Vorder- und Rückseite zeigen Figuren und Symbole in verwirrender Vielfalt. Einzelne Ornamente sind durch lotrechte Striche getrennt. Folgt man den Bildern ähnlich einem Comic in richtiger Reihenfolge, läuft die Geschichte des Lebens ab – dargestellt wie in einem modernen Lehrbuch für Medizin. Auf dem etwa drei Zentimeter dicken Scheibenrand ist außerdem ein Schlangensymbol eingraviert. Da der Diskus in der Mitte ein Loch hat, vermutet Gutierrez, dass er ursprünglich auf einem Stock befestigt war und noch weitere ähnliche Platten existieren könnten. Dem unbekannten Hersteller war es offenbar wichtig, biologische Informationen in Stein zu verewigen und der Nachwelt zu hinterlassen. Aber können wir den Inhalt richtig deuten? Professor Gutierrez vertritt die kühne Auffassung, dass auf der Scheibe die Evolution von der *Amphibie* zum Menschen illustriert worden ist.

Tatsächlich lassen sich selbst für Laien biologische Zusammenhänge erkennen. Die *Vorderseite* der Scheibe ist in übersichtliche Segmente unterteilt: Im unteren Abschnitt sind zwei sitzende Wesen dargestellt. Eines mit weiblichen, das andere mit männlichen Geschlechtsmerkmalen. Neben dem »Männchen« ist zusätzlich ein kleines Objekt erkennbar, das vielleicht ein Sperma symbolisieren soll. Über den beiden Figuren schwebt eine Art Fötus. Folgt man einem Pfeil, der sich am Mittelpunkt vorbei nach oben schlängelt, kommen wir zum äußeren Rand der Scheibe mit 12 kleineren Symbolen. Sie erinnern auffällig an Wachstumsphasen der Embryonen. Ob von Frosch, Mensch oder beidem, das ist die

Die Vorderseite der »embryologischen Scheibe« aus Kolumbien enthält überraschende Informationen über biologische Vorgänge. (Bild: Reinhard Habeck)

Streitfrage. Manche Details könnten Kaulquappen und Lurchtiere darstellen, andere Vorgänge weisen eher auf menschliche Zeugung mit weiblicher Eizelle und Spermafaden hin. Im inneren Sektor zeigt der Diskus links vom Pfeil drei Felder, die an eine geschlechtsspezifische Weiterentwicklung von einem männlichen und einem weiblichen Embryo denken lassen. Das Symbol im dritten oberen Abschnitt könnte das Bild einer befruchteten Eizelle sein. Dieser Grafikgruppe sind auf der rechten Seite genau gegenübergestellt: Mann, Frau und schwangere Frau.

Als ich den Arzt *Algund Eenboom* mit dem kuriosen Fund konfrontierte und um eine Stellungnahme bat, bestätigte mir dieser

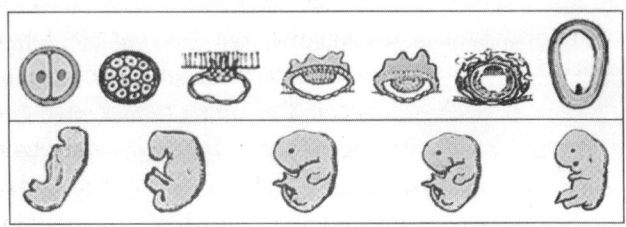

Die Rückseite des Diskus illustriert weitere biologische Details, darunter eine Eizelle vor und nach der Befruchtung. Wie war diese Darstellung frühgeschichtlichen Bildhauern ohne Zuhilfenahme eines Mikroskops möglich? (Bild: Reinhard Habeck)

Vergleichsbilder aus einem Lehrbuch für Medizin: Die Bildmotive auf der schwarzen Scheibe erinnern an Stadien menschlicher Zeugung (oben) und Wachstumsphasen der Embryonen (unten). (Bild: Reinhard Habeck)

den bisherigen Eindruck: »Unter medizinischen Gesichtspunkten der Embryologie lassen sich trotz einiger mythologischer Überfremdungen entscheidende Entwicklungsstadien des menschlichen Lebens erkennen. Besonders signifikant sind bei allen Kopfstrukturen die weit außen liegenden Augen und das breite Nasensegment. Ein Charakteristikum der frühen embryonalen Kopfstruktur. Viele Details sind gut erkennbar wiedergegeben, etwa das frühe embryonale Stadium mit Dottersack auf dem Außenring der Scheiben-Vorderseite.«

Schwieriger zu erkennen sind die Zeichen auf der *Rückseite* des schwarzen Diskus. Es wurden auch hier Bilder in Segmenten angeordnet, aber die Vielzahl der Figuren macht den Betrachter unsicher. Könnte es sein, dass die Felder verborgene Informationen für uns bereithalten? Ein Indiz dafür liefert die Abbildung in einem Teilstück, das den Mediziner Eenboom besonders verblüfft: »Hier ist eine Eizelle *vor* der Befruchtung mit strukturlosem Inneren auszumachen, daneben die Eizelle *nach* der Befruchtung mit deutlich verdickter Zellmembran sowie einem nun klar strukturierten Zellkern. An anderer Stelle hat der frühgeschichtliche Bildhauer ein Spermium in Dreiteilung abgebildet: Kopfstruktur, Schaltstück und Geißel sind zu sehen.«

Solche genauen Einblicke in die Mikrostrukturen des Lebens wären ohne Mikroskop nicht möglich. Wir wüssten zum Beispiel nicht, wie Bakterien und Chromosomen aussehen oder dass sich im Gehirn Nervenzellen befinden. Die Möglichkeit, Dinge zu erkennen, die für das bloße Auge längst nicht mehr wahrnehmbar sind, hat erst die Voraussetzung für viele Zweige der naturwissenschaftlichen Forschung geschaffen. Unserem Wissensstand nach haben die holländischen Brillenmacher *Hans* und *Zacharias Janssen* um 1590 das erste Mikroskop gebaut. Wie aber sollte das amerikanischen Ureinwohnern gelungen sein? Soweit bekannt, hatten diese Völker damals keine Möglichkeit, »unsichtbare«

Prof. Jaime Gutierrez mit der Edelsteinexpertin Dr. Vera M. F. Hammer im Naturhistorischen Museum in Wien. Die Ergebnisse der Analyse brachten neue Erkenntnisse und bekräftigten den Eindruck, dass die »embryologische Scheibe« keine Fälschung ist. (Bild: Reinhard Habeck)

Vorgänge der Befruchtung zu sehen und detailliert zu beschreiben. Für Skeptiker ein stichhaltiges Argument dafür, dass die »embryologische Scheibe« nur eine neuzeitliche Anfertigung sein kann. Wie viele Jahre hat das Relikt wirklich auf dem Buckel? Wurde es jemals auf seine Echtheit hin überprüft? Lässt sich das wahre Alter überhaupt ermitteln?

Professor Gutierrez erzählte mir, wie er in den Besitz des ungewöhnlichen Exponats gelangte: »Man weiß, dass ich prähistorische Stücke sammle. Berufsbedingt interessiere ich mich für die Kunst meiner Vorfahren. Viele meiner Designerarbeiten beruhen auf uralten Konzepten und Vorlagen präkolumbischer Handwerker. Vor Jahren tauchte ein Schatzsucher bei mir auf und bot mir die Scheibe günstig zum Kauf an. Der Mann beschwor, dass sie nicht aus einem Grab stamme, sondern bei Bauarbeiten am Stadt-rand von Bogotá entdeckt wurde. Museen wurde das Stück vor-gelegt, doch die Archäologen wussten mit dem fremdartigen Ding nichts anzufangen.«

Dem passionierten Sammler ließ die Sache keine Ruhe, und er legte den ominösen Fund befreundeten Geologen der Techni-schen Universität in Bogotá vor. Dabei fanden sich Hinweise, die auf ein hohes Alter schließen lassen: Durch das Gewicht des Erd-reichs ist der Gegenstand im Laufe der Zeit zusammengepresst worden. Die Figuren sind teilweise etwas verzerrt wiedergege-ben. Die Symmetrie der Schlange, die am Rand der Scheibe geformt ist, hat sich verändert, und an einigen Stellen ist die Scheibe etwas aufgestülpt. Die Reliefs erodierten durch fließen-des Wasser und blättern außerdem an manchen Stellen ab.

Am Naturhistorischen Museum in *Wien* wurde das Corpus De-licti einer neuerlichen Untersuchung unterzogen. Die Analyse der Mineral- und Edelsteinexpertin *Vera M. F. Hammer* konnte Ver-witterungsspuren bestätigen. Außerdem ergab die Expertise, dass der Gegenstand nicht aus künstlichem Material, wie zum Beispiel Zement, gefertigt wurde, sondern aus *natürlichem* Kieselschiefer mit kohlehaltigen Pigmenten besteht. Diese Zusammensetzung wird *Lydit* genannt. Das Material lässt sich leicht spalten, womit eine Bearbeitung mit einfachen Werkzeugen möglich war. »Die kreisrunde Scheibe aus dem Gestein herauszuarbeiten muss für die unbekannten Hersteller weitaus schwieriger gewesen sein«, erklärt die Wissenschaftlerin. Unklar bleibt die Zuordnung. Die Scheibe passt offenbar nicht in das bislang bekannte südamerika-nische Kultursystem.

Doch wie kann etwas *echt* sein, das sich nicht klassifizieren lässt? Der renommierte Kunsthistoriker Professor *Rudolf Distelberger*, ehemaliger Direktor der Wiener Schatzkammer, stellt die Gegen-frage: »Wie soll etwas *falsch* sein, wenn es in keinen bekannten

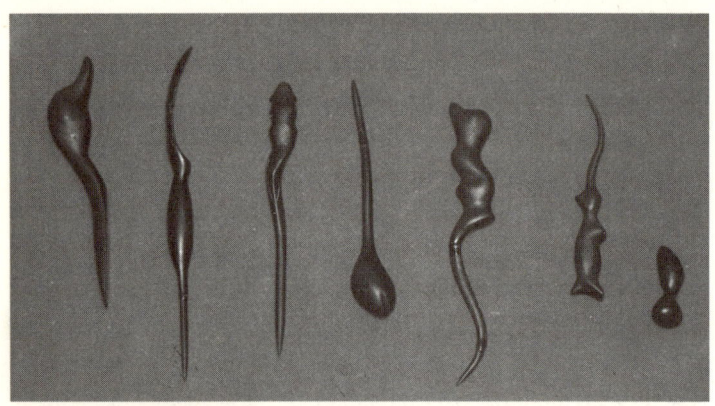

Diese nur wenige Zentimeter großen Utensilien wurden in Suta-tausa nördlich von Bogota entdeckt. Sie entpuppten sich bei genauerer Prüfung als Hightech-Werkzeug aus präkolumbischer Zeit. Die perfekte Formgebung erinnert an die Motive auf der schwarzen Scheibe. (Bild: Reinhard Habeck)

Zusammenhang hinein gefälscht ist? Man fälscht doch etwas, wonach eine Nachfrage besteht, und nicht etwas, was es in der Forschung oder in der Literatur nicht gibt.« Der Wissenschaftler hält das Fälscherargument deshalb für zu billig und erklärt freimütig: »Trotz der Überzeugung von der Echtheit habe ich keine Erklärung für die schwarze Scheibe anzubieten.«
Wie aber sollte man mit mysteriösen Entdeckungen umgehen, die in kein bekanntes Schema passen? »Kopfnüsse« dieser Art bieten viel Spielraum für unbewiesene Behauptungen. Davor warnt Professor Distelberger ebenso wie umgekehrt vor einer kategorischen Ablehnung dieser Funde. Seine wohlgemeinte Empfehlung an legitimierte Zweifler und Fachkollegen: »Ich denke, die Wissenschaft verhält sich redlicher, wenn sie die Echtheit seltsamer Stücke zunächst anerkennt, auch wenn ihre Existenz rätselhaft ist. Sie sind vielleicht nicht unerklärlich, sondern nur zurzeit unge-

löste Probleme. Diese Haltung würde die Forschung nicht ausschalten, sondern sie vielmehr beflügeln. Der Menschheit gehen die Geheimnisse um sich selbst und um die Erde nie aus. Wir machen die Erfahrung, dass fast jede Beantwortung einer offenen Frage neue Fragen aufwirft. Der Horizont weicht mit dem Fortschritt zurück. Die Erklärung unerklärlicher Objekte ist nicht durch Nachdenken allein möglich. Es bedarf dazu vor allem der Naturwissenschaften und ihrer Möglichkeiten der Untersuchung. Voraussetzung dafür ist natürlich, dass ein Rätsel als solches anerkannt und nicht vorweg als Unsinn abgetan wird.«

Wenn die »Scheibe der Embryologie« keine Fälschung ist, woher stammt sie dann? Jedenfalls steht sie nicht ganz so isoliert im archäologischen Kontext wie vielfach angenommen. In der Savanne von Bogotá, dem ehemaligen Königreich der Muisca, wurden eine Menge schwarzer Steine und Skulpturen gefunden. Nach anthropologischer Deutung standen sie im Mittelpunkt kultischer Fruchtbarkeitszeremonien und der Verehrung von Muttergottheiten. Ihre perfekte Ästhetik lässt einen Gleichklang zur Scheibe und ihren biologischen Merkmalen erkennen. Häufigstes Motiv sind Froschdarstellungen, Sexualsymbole und Geburtsinstrumente. Eine Besonderheit sind zierliche Utensilien aus dunklem Kieselschiefer. Ihre Form erinnert an Kaulquappen oder Spermien. Zunächst wurden sie als »Kultobjekte« deklariert. Genaue Analysen zeigten aber: Es sind Hightech-Werkzeuge, die von einem präkolumbischen Volk für filigrane Gravurarbeiten verwendet wurden. Sie sind so raffiniert und präzise in der Formgebung, dass sie bei der Anwendung und Handhabung perfekter sind als viele der heute gebräuchlichen Gegenstände.

Die genialen Vorzeittechniker könnten auch die Architekten des Megalithzentrums *El Infiernito* gewesen sein. Der Ort liegt etwa 150 Kilometer nördlich von Bogotá bei *Villa de Leyva*. Dort stehen im Gelände des Parque Arqueológico de Montiquirá tonnenschwere Monolithen in Phallusform, die in der Mythologie der Muisca Symbole für Fruchtbarkeit und Leben waren. Die mehrere Meter hohen Steinsäulen waren aber mehr als das: Archäologen stellten fest, dass die Anlage bereits um 1000 v. Chr. von den Vorfahren der Muisca als astronomischer Kalender genutzt wurde. Ähnlich verhält es sich mit den Tunja-Steinen bei *Facatativá*, rund 40 Kilometer nordwestlich von Bogotá. Die Felsmalereien bestechen durch ihren geometrischen Aufbau, so als wären sie aus einem modernen Lehrbuch für Physik und Chemie abgeschrieben worden. Der Tunja-Platz galt den Muisca- und Chibcha-Indianern als heilig. Ob sie auch Schöpfer der Kunstwerke waren, ist umstritten.

Neue Forschungen zum einstigen Muisca-Reich korrigieren die Entstehungszeit vieler präkolumbischer Hinterlassenschaften zurück in eine mystische Vergangenheit. Nahmen Anthropologen noch vor kurzem an, die ersten Beweise menschlicher Existenz in Kolumbien seien höchstens 14 000 Jahre alt, zeigen jüngere Ausgrabungen bei *Girardot* am Ostufer des Rio Magdalena ein ganz anderes Bild: Knochen und Werkzeugfunde beweisen, dass bereits 20 000 Jahre vor den Muisca Menschen in dieser Region gelebt haben. Woher diese ersten Siedler kamen und weshalb ihre Kultur verschwand, ist nicht geklärt. Einen Tipp gibt uns eine alte indianische Mythe. Sie erzählt davon, dass vor Urzeiten der Gott *Chibchacun* eine große Flut zur Erde gesandt hätte, die fast alles Leben zerstörte. Parallelen zu biblischen Quellen sind unverkennbar. Sind es kollektive Erinnerungen an eine ehemals globale Katastrophe? Belege aus *vor*sintflutlicher Geschichte sind rar. Ist die schwarze Scheibe ein Überbleibsel davon? Spekulation? Zugegeben. Aber sind nicht alle Wege zur Wahrheit damit gepflastert?

Die elektrische Vase

»Ich bin ein Schwamm,
denn ich sauge Ideen auf und mache sie nutzbar.
Die meisten meiner Ideen gehören ursprünglich anderen Leuten,
die sich halt nicht mehr die Mühe gemacht haben,
sie weiterzuentwickeln.«
THOMAS ALVA EDISON (1847–1931)

»Kultobjekte« aus Mesopotamien, die sich als 2000 Jahre alte Batterien entpuppten

Fundort: Entdeckt 1936 bei Ausgrabungen durch den österreichischen Archäologen Wilhelm König, damals Direktor der irakischen Antikensammlung im Nationalmuseum in Bagdad. Beim Abtragen von Erdschichten kamen im Gebiet von Khujut Rabu'a, etwa 30 Kilometer südöstlich von Bagdad, seltsame »Tonkrüge« zum Vorschein. Ähnliche Apparaturen wurden bereits Jahre zuvor in Seleukia und in Ktesiphon, der einstigen Hauptstadt der Parther, gefunden.

Besonderheit: Etwa 14 cm große Keramikgefäße mit eingebautem Kupferzylinder und einem isolierten Eisenstab in der Mitte. Korrosionsspuren auf dem Metall deuten auf eine Säure hin. Der Verwendungszweck der Funde ist umstritten. »Kultobjekt mit magischer Funktion eines Abwehroder Schutzzaubers«, lautet eine Deutung von Archäologen. Andere Wissenschaftler halten dagegen, dass diese »Zaubergeräte« alle nötigen Schlüsselelemente zur Erzeugung elektrischer Spannung besitzen. Praktische Versuche haben bewiesen, dass diese »Urbatterien« exakt nach dem galvanischen Prinzip funktionieren und – fast 2000 Jahre vor Galvani! – zur Vergoldung von Gegenständen gedient haben könnten.

Alter: Epoche der Parther, 247 v. Chr. bis 228 n. Chr.

Aufbewahrung: Nationalmuseum für Altertümer in Bagdad,

Irak. Vergleichsobjekte, die als antike Darstellung einer Elektrolyse aufgefasst werden können, zeigt ein Relief im Hathor-Tempel von Dendera, Ägypten, sowie eine Abbildung auf einem altamerikanischen »Schmuckstück« der Huaxteken, aufbewahrt im Middle American Research Institute in New Orleans, USA.

In der orientalischen Märchensammlung von Tausendundeiner Nacht findet sich die Erzählung von *Aladdins Wunderlampe*. Mit ihr sollen »Schätze« hervorgezaubert worden sein. Der Märchentext spricht davon, dass es Aladdin mit Hilfe der Zauberlampe gelungen sei, verschiedene Objekte zu *vergolden*. Auch der schönen ägyptischen Königin *Kleopatra* (um 69 bis 30 v. Chr.) werden solche magischen Kräfte nachgesagt. Waren hier elektrische Vorgänge im Spiel? Etwa solche, wie wir sie heute in Verbindung mit der Galvanisierung von Gegenständen kennen?

Das sind keineswegs nur fantastische Märchen oder Träume. Es gibt eine Reihe außergewöhnlicher Funde, die belegen, dass bereits vor Jahrtausenden der Umgang mit Elektrizität bekannt war. Das überzeugendste Beispiel hierfür sind die »elektrischen Batterien der Parther«. Mit den Kriegswirren fielen Teile des irakischen Kulturerbes Plünderern und Brandschatzern zum Opfer. Ob die Elektro-Exponate rechtzeitig vor Diebstahl und Zerstörung gerettet werden konnten, ist nicht bekannt. Anfragen bei der Irakischen Botschaft in *Wien* und am Institut für Alte Geschichte und Altorientalistik in *Innsbruck* brachten leider keine Klarheit. Fest steht, die Gegenstände waren bis zum Ausbruch des Zweiten Golfkriegs im Nationalmuseum in *Bagdad* beheimatet. Das Besondere an den Geräten: Sie funktionieren nach dem galvanischen Prinzip und machen dem italienischen Anatomen *Luigi Galvani* (1737–1798) seine Erfindung streitig, dem man der Lehrmeinung nach

Rätselhafte Apparatur mit Kupferzylinder und Eisenstab. Gefüllt mit einer laugenartigen oder sauren Flüssigkeit, konnte damit fast 2000 Jahre vor Galvani elektrischer Strom erzeugt werden. (Bild: Reinhard Habeck)

das Aufspüren von Elektrizität und deren praktische Anwendung zuschreibt. Bei Experimenten mit einer Reibungselektrisiermaschine machte der Mediziner eine unerwartete Beobachtung: Frisch präparierte Froschschenkel, die mit verschiedenen Metallen in Berührung standen, begannen wie von Krämpfen befallen zu zucken. Zu Galvanis Erstaunen war keine Verbindung des Präparats mit der Maschine gegeben. Zwölf Jahre lang versuchte der Forscher diesem Spuk auf die Schliche zu kommen, was ihm vorerst nur den Spitznamen »Tanzmeister der Frösche« einbrachte. Galvani fasste diese Erscheinungen als »tierische Elektrizität« auf. *Alessandro Volta* (1742–1827), Physikprofessor aus Pavia, widerlegte diese Erklärung und schuf die Grundlagen des Wissens über die Wirkung elektrochemischer Stromquellen. Seit dem 19. Jahrhundert ist dieses Verfahren als *Galvanotechnik* bekannt. Die daraus resultierenden Erkenntnisse sind aus unserem Leben nicht mehr wegzudenken. Das System dient zur Veredelung metallischer Oberflächen und wird als Korrosionsschutz von Gegenständen verwendet. Auch für die Herstellung von Batterien oder Aluminium setzte sich diese Methode der *Elektrolyse* durch. Doch der Ruhm für diese Erfindung und seine weitreichenden Folgen gebührt in Wahrheit einem unbekannt gebliebenen »Kollegen« aus Mesopotamien, der fast zwei Jahrtausende früher auf die gleiche Idee gekommen war.

Die Entdeckung der »Urbatterien« führt zurück ins Jahr 1936. Es war Sommer, und die Moskitos trieben es wieder besonders bunt. Nach heftigen Regenfällen hatten sich große Wasserlöcher nahe Bagdad am Hügel *Rabu'a* gebildet. Arbeiter schafften Füllmaterial herbei, um die Brutstätten der stechwütigen Insekten zu tilgen. Während der Arbeiten stieß man überraschenderweise auf menschliche Siedlungsspuren. Das Irakische Museum in Bagdad wurde informiert, und schon machte sich eine Gruppe von Archäologen auf den Weg. Geleitet wurde das Unternehmen von einem Österreicher, der neun Jahre lang (bis 1939) in irakischen Diensten stand – *Wilhelm König*. Schon bald nach Grabungsbeginn war es dem Archäologen und seiner Crew klargeworden, eine Kultstätte der *Parther* entdeckt zu haben. Schließlich fanden die Wissenschaftler in den Ruinenresten eines Hauses einen sonderbaren Behälter.

»Herr Direktor, sehen Sie! Schauen Sie sich das mal an!« Der Angesprochene ließ sich nicht zweimal bitten. Verwundert betrachteten König und seine Helfer den 14 Zentimeter hohen Gegenstand aus hellgelbem Ton. Das Merkwürdige an dem länglichovalen Keramikgefäß waren seine »Innereien«: ein dünnes Kupferblech, das zu einem Zylinder von 12 Zentimeter Länge und 2,4 Zentimeter Durchmesser geformt und mit einer Zinn-Blei-Legierung verlötet war. Der Boden dieses Zylinders bildete eine dicht schließende Kupferkappe. Sie war nach innen mit Bitumen iso-

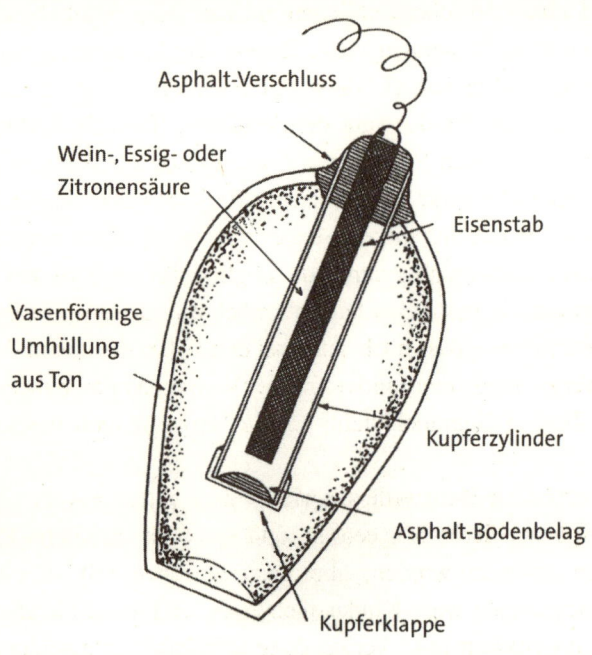

Asphalt-Verschluss

Wein-, Essig- oder
Zitronensäure

Eisenstab

Vasenförmige
Umhüllung
aus Ton

Kupferzylinder

Asphalt-Bodenbelag

Kupferklappe

Aufbau der »Parther-Batterie« (Bild: Reinhard Habeck)

liert. Auf der oberen Seite dieses Metallrohres befand sich ein
Verschluss aus Bitumen. Durch diesen Stöpsel ragte – gegen das
Kupfer isoliert – ein etwa elf Zentimeter langer Eisenstab in den
Zylinder hinein. Die gesamte Apparatur wurde schließlich in die
Keramikvase eingelassen und befestigt. Zugleich war die Außen-
wand des Zylinders isoliert. Die Verwendung von Bitumen war
nichts Ungewöhnliches, man kannte es damals unter der Bezeichnung »Erdpech«. Füllt man den Gegenstand mit einer laugenartigen oder sauren Flüssigkeit – etwa mit Wein-, Essig- oder Zitronensäure, die in der Antike durchaus geläufig waren –, hat man
alle Zutaten zur Herstellung eines Batterieelements.
Wilhelm König begnügte sich nicht damit, seinen interessanten

Fund unter der oberflächlichen Bezeichnung »Kultobjekt« im Museumsarchiv verstauben zu lassen. Der leidenschaftliche Archäologe wollte wissen, was wirklich dahintersteckt, und äußerte bald nach der Entdeckung den Verdacht, dass die Parther mit der Apparatur den Prozess des Galvanisierens beherrscht haben könnten. Er bemerkt dazu in seinem Bericht: »Über die einzelnen Entwicklungsstufen dieses Gerätes wissen wir heute noch nichts Näheres. Es wäre aber durchaus möglich, dass ein solches Gerät schon damals bestanden hat. Ich möchte in diesem Zusammenhang erwähnen, dass noch heute bei den Silberarbeiten in Bagdad zur Vergoldung ein primitives nasses Verfahren unter Anwendung von Zink in Gebrauch steht, dessen Herkunft nicht feststellbar ist.«

Damit war die Neugierde des Museumsdirektors geweckt. König fragte bei anderen Museen an, und siehe da: Ähnliche Relikte waren entdeckt worden, allerdings versehen mit so ratlosen Bezeichnungen wie »Kinderspielzeug«, »religiöse Gerätschaft« oder unverblümt mit »Verwendung unbekannt«. In seinem Forschungsbericht nennt König einen Informanten: »Wie ich kürzlich erfuhr, hat der Direktor bei den Staatlichen Museen in Berlin, *E. Kühnel*, der seinerzeit Ausgrabungen in *Ktesiphon* bei Bagdad leitete, dort zusammen mit sassanidischen Funden eine größere Anzahl ähnlicher Gefäße mit Kupfer- und Eisenausrüstung unbekannten Zwecks gefunden. Auch bei diesen Gefäßen scheint es sich um galvanische Elemente zu handeln, deren Verwendung vielleicht durch weitere Forschungen aufgeklärt wird.«

Praktische Experimente brachten schließlich mehr Licht ins Dunkel. Schon 1957 gelangen diese dem amerikanischen Wissenschaftler *Willard Gray*. Er fertigte die genaue Nachbildung einer »Parther-Batterie« an und füllte sie mit Kupfersulfat (die ursprüngliche Füllsäure war längst verdunstet). Resultat: Die Rekonstruktion funktionierte hervorragend! 1960 wiederholte *John*

B. Perczynski von der Universität von North Carolina den Versuch mit einer Essiglösung, worauf der Voltmeter über einen Zeitraum von 18 Tagen eine erzeugte Spannung von 0,5 Volt anzeigte. Damit war neuerlich der Nachweis erbracht worden, dass die »Tonvasen« tatsächlich Strom liefern konnten. Inzwischen haben die antiken Stromerzeuger den verdienten Einzug in den Schulunterricht geschafft. Das Wissen über die »Bagdad-Batterie« wird den Kids dabei nicht einfach vorgesetzt – sie sollen selbst nach Lösungen für offene Fragen suchen. Die freie Einbindung »regelwidriger« Aspekte aus der Menschheitsgeschichte in den Chemieunterricht begeistert Lehrer und Schüler gleichermaßen. In diesem Sinne führte im Jahr 2003 die Technische Universität Aachen Wettbewerbe für Jugendliche durch, die den Nachbau der Batterie zum Ziel hatten. Manche Lehrfächer könnten durchaus mehr dieser mutigen und unkonventionellen Aktivitäten vertragen.

Für den größten Medienwirbel sorgte 1978 das Experiment von *Arne Eggebrecht* (1935–2004), damals Direktor des Roemer-Pelizeus-Museums in *Hildesheim*. Im Rahmen der Ausstellung »Sumer, Assur, Babylon« waren rund 200 Leihgaben aus dem Irakischen Nationalmuseum erstmals in Deutschland und Österreich zu sehen, darunter die berühmte Batterie aus Khujut Rabu'a. Mit Unterstützung des Restaurators *Rolf Schulte* fertigte Direktor Eggebrecht eine genaue Kopie des Originals an. Dann wurden einige Fachleute ins Museum gebeten, um den Test zu überprüfen. Ein Goldschmied, zwei Chemotechniker für »Batterieentwicklung« sowie ein Galvaniseur leisteten der ungewöhnlichen Einladung neugierig Folge. Vorgesehen war, eine aus Silber nachgebaute Statuette eines Königs von Hatra zu vergolden. Die zur Stromerzeugung notwendige Säure stellte Rolf Schulte her. Er wählte, was an Saurem auch im Orient der Zeitenwende verfügbar gewesen war: frisch gepressten *Traubensaft*. Ein erster Erfolg stellte sich ein. Die Kombination von Kupferzylinder, Eisenstab und Säure erzeugte Strom. Der Ägyptologe Arne Eggebrecht und seine Kollegen verbanden nunmehr diese Stromquelle mit einer Galvanisierungswanne. Dazu kam die kleine Königsfigur aus Silber. Es dauerte etwa zwei Stunden – dann war das Figürchen tatsächlich vergoldet. Das publikumswirksame Experiment gelang ohne Schwierigkeit. Während der Ausstellung konnten sich Besucher dann live per Knopfdruck davon überzeugen, dass das Gerät eine Spannung von einem halben Volt bei einer Stromstärke von 150 Mikroampere erzeugt.

Wann in der Geschichte knisterten die elektrischen Funken das erste Mal? Lange vor der industriellen Ära des Abendlandes hatten die Griechen der Antike herausgefunden, dass Bernstein, den sie »Elektron« nannten, durch heftiges Reiben geradezu magische Anziehungskraft gewinnt und im Dunkeln sprühende Funken sichtbar werden lässt. Aber die alten Parther? Dieses bekannt kriegerische Reitervolk? Wir wissen, dass die Parther durchschlagskräftige Kavalleristen waren. Sie kamen aus dem iranischen Raum und hatten vor zwei Jahrtausenden so ziemlich alle Länder zwischen *Euphrat* und *Tigris* unter ihre Herrschaft gezwungen. Dieser »wilden Horde« auch Kenntnisse über den Gebrauch der Elektrizität zuzutrauen, das will vielen Historikern nicht recht »einleuchten«. Und doch haben die vielen geglückten Experimente bewiesen – die alten Parther waren nicht nur Meister der Kriegskunst, sondern verstanden es offenbar vortrefflich, elektrische Zellen zu konstruieren, die als Batterien wirkten und sich zum Vergolden eigneten.

Was noch für die Galvanisierungsthese spricht: Im ehemaligen Territorium der Parther wurden zahlreiche silberne Kunstobjekte ausgegraben, die mit einer hauchdünnen Goldschicht überzogen sind. Hier reicht die übliche Hammer- und Feuervergoldung als Erklärung kaum aus. Bei diesem Verfahren wird das Goldblech

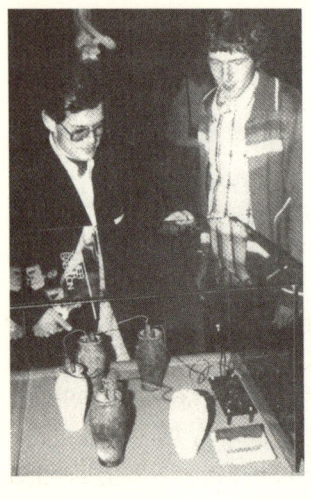

Ausstellung anno 1980 auf Schloss Schallaburg in Niederösterreich: Das Autorenduo Peter Krassa († 2005) und Reinhard Habeck vor der Vitrine mit der antiken Batterie aus Bagdad. (Bild: Reinhard Habeck)

auf das zu vergoldende Objekt gelegt, immer wieder erhitzt und platt gehämmert, bis es sich an den Untergrund schmiegt. Anders bei der Galvanisierung. Hier wird das zu vergoldende Objekt in eine Lösung aus *Goldsalz* gelegt, das bei diesem Verfahren unbedingt gebraucht wird. Durch Elektrolyse legen sich die Salze dann ans Metall. Aber woher sollten die Parther über Goldsalze verfügt haben? War es eine zufällige Entdeckung, wie der Galvaniseur *Kurt Pengel* vermutet? Goldsalze könnten demnach dadurch entstanden sein, dass zu verarbeitende Goldbleche zwischen zwei Lederlappen gelegt und zu Blattgold geklopft wurden. Bei schlechter Gerbung oder Verrottung lässt das Leder, sofern man es längere Zeit liegenlässt, dann tatsächlich Goldsalze entstehen! Aus dieser überraschenden Erfahrung schlugen damals die Parther offenbar Kapital.

Eine andere Idee hat Professor *Walter Jansen* vom Fachbereich Chemie der Universität *Oldenburg* anzubieten. Er baute ebenfalls ein Duplikat der »Urbatterie«, wobei er sich mehrere Varianten einfallen ließ. Der Forscher unternahm verschiedene Versuche, um ein klares Bild über die Funktionsweise der Apparatur zu gewinnen – und entdeckte auf diese Weise gewisse Mängel. Über die Ergebnisse seiner Studie berichtete der Professor 1985 in der Zeitschrift »Praxis der Naturwissenschaften – Chemie«. Jansen zeigte dabei auf, dass die Stromerzeugung auf die von Wilhelm König angegebene Weise zwar grundsätzlich möglich war, es aber Probleme beim Vergolden gewisser Gegenstände gegeben hätte.

Der Wissenschaftler erkannte sehr bald die Ursache: Da in das Innere des Kupferrohres kaum Sauerstoff aus der Luft einzudringen vermochte, gab die Batterie nach ein paar Stunden Tätigkeit plötzlich keinen Strom mehr ab. Jansen und sein Team entwickelten daraufhin eine Variante, die nicht nur *einfacher* herzustellen war, sondern die Wissenschaftler darüber hinaus in die Lage versetzte, einen *galvanischen Dauerbetrieb* in Szene zu setzen. »Wir sind sicher«, ließ der Professor in seinem Fachartikel wissen, »dass die Parther, wenn sie schon diese Batterie erfunden haben, auch die einfachere und wirksamere Version angewendet haben.«

Ob die Parther allerdings wirklich die Ersten waren, die das technische Know-how zum Bau elektrischer Zellen besaßen, ist ungewiss. Es gibt noch weit ältere Quellen, die einen Hinweis auf elektrotechnische Kenntnisse in der Vorzeit geben. Zum Beispiel im indischen Sanskrittext »Agastya Samhita«, der sich auf Ereignisse beruft, die 7000 Jahre zurückliegen. In einem Textabschnitt heißt es: »Nachdem man ein Stück reines Kupfer in einen wasserdichten Tonkrug gelegt hat, dessen Öffnung nach oben zeigt, pflegt man Stücke von Kupfersulfat sowie Vitriol hineinzulegen, das blau wie der Nacken eines Pfaues ist. Dann wird der Krug mit Sägespänen gefüllt und obenauf ein Zinkblock gelegt, der mit Quecksilber eingerieben ist. Mit dieser Verbindung wird eine Kraft namens *Mitra* erzeugt, und die Energie, welche durch Ver-

Wandrelief im Hathor-Tempel von Dendera. Technische Details lassen Übereinstimmungen mit der Wiedergabe einer Elektrolyse erkennen: Perlenschnüre führen zu vier Köpfen mit Elektroden. Der runde Gegenstand in der Schüssel könnte zum Vergolden gedient haben. (Bild: Nationalbibliothek in Wien)

bindung von Zink und Kupfer entsteht, wird auch Mitra genannt. Die Zusammenschaltung von hundert solcher Gefäße ergibt eine mächtige Kraft.«

Was damit bezweckt wurde, bleibt ungeklärt. Handelt es sich um die Beschreibung einer batterieähnlichen Apparatur? Jedenfalls vermitteln die Texte den Eindruck, dass ihnen ein *reales technisches* Wissen zugrunde liegt und nicht bloß eine symbolhafte »Beschwörungsformel« als Schutz gegen imaginäre Dämonen. Genauso verhält es sich mit den Wandreliefs im Hathor-Tempel von *Dendera* in Ägypten. Die Tempelanlage ist mit Hieroglyphen und Bilddokumenten geradezu übersät und entspricht einer antiken Bibliothek in Stein. Die Anlage wurde mehrmals umgebaut, zuletzt in ptolemäischer Zeit um 100 v. Chr. Das Erstaunliche sind Darstellungen blasenförmiger Gebilde, die nicht nur an Leuchtkörper erinnern, sondern exakt so abgebildet sind, wie man das von elektrischen Entladungen erwarten würde. Dass dies nicht nur auf blühender Fantasie beruht, hat der Wiener Elektrofachmann *Walter Garn* bereits 1982 mit einem funktionstüchtigen Modell, das getreu den altägyptischen Vorbildern rekonstruiert wurde, bewiesen. Gemeinsam mit meinen Autorenkollegen *Peter Krassa* (1938–2005) und Ingenieur Garn habe ich in mehreren Publikationen Argumente für die »Elektrothese« angeführt, u. a. 1992 in unserem Buch »Das Licht der Pharaonen«.

Ägyptologen und militante Skeptiker können sich mit der modernen Interpretation nicht anfreunden. Sie halten den elektrotechnischen Sachverhalt für »blanken Unsinn«. Lieber klammern sich diese Koryphäen, obwohl untereinander völlig uneins, an dogmatisch anmutende Anschauungen. Erlaubt wird den Dendera-Szenen lediglich die Bedeutung von symbolischem Firlefanz: »Fantasiegebilde«, »Kulterscheinung«, »Sonnenbarke«, »Symbol der Wiedergeburt« oder »verschiedene Abbildungen des Sonnenlaufs« sind nur einige der vielen Deutungsversuche.

Die technische Auslegung der Reliefs im Hathor-Tempel wird ignoriert, existiert nicht, »weil nicht sein kann, was nicht sein darf«. Das gilt auch für eine eigentümliche Abbildung auf der Nordwand der zweiten Kammer. Sie kann als Galvanisierungsprozess aufgefasst werden. Walter Garn bemerkt dazu: »Von einem großen elektrischen Element führen Perlenschnüre zu vier Köpfen der Göttin Hathor mit säulenartigen Körpern (Elektroden). Je zwei dieser Elektroden sind ›kurzgeschlossen‹. Die ›Stromleitungen‹ führen zu der gleichen Seite des Elements. Die Ausführung eines Leiters, isoliert mit Keramikperlen, wird auch heute noch verwendet. Beispielsweise bei Heizkörpern. Auch der ›Anschluss‹ der Leitungen ist ähnlich einem Wickelanschluss, wie er in der Installationstechnik Verwendung findet.«

Die Wiedergabe einer Elektrolyse? »Nur ein Amulett namens Menat«, korrigieren Ägyptologen. Aber weshalb ist auf dem Bild ein runder Gegenstand in einer Schüssel abgebildet, der auf dem angeblichen »Schmuckstück« thront? Und was bedeutet das längliche Objekt, das mit diesem »Amulett« verbunden ist? Es zeigt im unteren Abschnitt den Querschnitt einer Frucht. Es könnte eine Zitrone sein. Ein Indiz dafür, dass dieses Gefäß – wie die Batterien aus Bagdad – eine saure Flüssigkeit enthielt? Altertumsforscher winken ab: »Das ist ein Gegengewicht zum Amulett!« Seltsam. Ein Gegengewicht am Rücken, das größer ist als der Schmuck? Schwer zu glauben, dass sich eine holde Ägypterin dieses unhandliche Ding freiwillig um den Hals binden ließ. Ganz geheuer scheint die Funktion den Fachgelehrten auch nicht zu sein. Im »Lexikon der Ägyptologie« heißt es zum »Menat-Symbol«, das immer »mit einer Kette aus Metall versehen ist«, nur vage: »Diese wahrscheinlich zunächst kultischen Zwecken dienende, später zu einfachen Symbolen abgewerteten Gegenstände sind von der Musikwissenschaft zunächst als etwaige Instrumente abgewiesen worden.« Weiter erfahren wir: »Neuerdings tendiert man wieder dazu, dieses Menat-Symbol als Klangwerkzeug einzuordnen, obwohl es ursprünglich nicht als solches gedacht war, aber doch ausnahmsweise dazu verwendet werden konnte, ähnlich den Tanzstäben, den Schmuckgegenständen oder allen möglichen hohlen Gefäßen, auf oder mit denen der primitive Mensch trommelt oder Rhythmus erzeugt.« Die geschätzten Leserinnen und Leser werden sich aus dieser streng wissenschaftlichen Beweisführung ihren eigenen Reim machen können.

Wem die technische Interpretation schlüssiger erscheint, wird auch in Altamerika fündig werden, wo die Methode des Galvanisierens ebenfalls nicht unbekannt gewesen sein dürfte. Die Abbildung auf einem zehn Zentimeter langen Anhänger der *Huaxteken* macht das deutlich. Er ist aus einer Muschel gefertigt, etwa 1000

106

Anhänger der Huaxteken. Alt-amerikanisten deuten die Darstellung als »Zwei Götter bei kultischen Handlungen«. Ebenso lässt sich die Abbildung mittels computerunterstützter Rekonstruktion als elektrochemischer Galvanisierungsprozess erklären. (Bild: Middle American Research Institute, New Orleans)

Jahre alt und zeigt eine seltsame Szene: Götter oder Menschen in traditioneller Maya-Kultkleidung und mit einem helmähnlichen Kopfschutz. Eine der beiden Gestalten schüttet eine Substanz in eine unter ihr und im Zentrum der Abbildung angebrachte Schale. Die andere Figur hält einen länglichen Gegenstand in der Hand. Unterhalb der beiden Wesen sind komplizierte Strukturen zu sehen, etwa sich kreuzende Linien, die man als Röhren interpretieren kann. Sie führen in einen größeren Behälter im unteren Bereich der Abbildung. In ihm erkennt man – wellenförmig dargestellt – eine Flüssigkeit. Im Zentrum des Behälters schwimmt ein undefinierbarer Gegenstand. Der traditionellen archäologischen Deutung zufolge sind »zwei Götter bei einer kultischen Handlung« dargestellt. Damit erschöpft sich die offizielle Erklärung bereits. Welche Art von »Kult« das gewesen sein sollte, wissen nur die Götter. Hingegen zeigte die computergestützte Rekonstruktion der Szene, dass eine technische Definition möglich ist. Die Rekonstruktion ergab einen elektrochemischen *Galvanisierungs*prozess, der sich mit dem »Amulett-Relief« aus Dendera und der idealen Kombination der »Parther-Batterie« deckt.

107

Elektrotechnische Kenntnisse über Jahrtausende? Entdeckt, vergessen und wiederentdeckt? Die Vorstellung, dass es im Altertum bereits eine hochentwickelte Technik wie die Anwendung elektrischen Stroms gegeben haben könnte, ist für die meisten Altertumsforscher nach wie vor schwer zu verdauen. Argwöhner wie der Chemiker *Emmerich Pászthory* deuten technische Errungenschaften der Antike, wie die »Batterien von Bagdad«, als »riesige Ente«. Zwar bestätigte Pászthory den Fund solcher Relikte, ist aber der Überzeugung, dass sie keineswegs Geräte für eine praktische Nutzung im heutigen Sinn gewesen sein können. In der Zeitschrift »Antike Welt« aus dem Jahre 1986 spricht der Wissenschaftler den Parthern zwar die potenzielle Konstruktion von »Batterien« zu, allerdings »ohne dies zu wollen und zu wissen«. Die Tongefäße dienten nach Auffassung des Chemikers lediglich als »Behälter«. Die mit den Funden aufgefundenen Eisen- und Bronzestifte seien keine Elektroden gewesen, sondern hätten ausschließlich »okkulte Funktion als Abwehr- und Schutzzauber« besessen. Damit wurden die technischen Geräte zu dem degradiert, was ihnen nach herkömmlicher wissenschaftlicher Logik im günstigsten Fall zugestanden wird: *Kultgegenstände* gewesen zu sein, lediglich dazu geeignet, damit Beschwörungen, Segensformeln oder Zaubersprüche zwecks Ausübung unbestimmter magischer Praktiken vorzunehmen.

Wirklich nur magische Zaubergeräte oder doch Elektrotechnik im Altertum? Vielleicht beides? Denn woher wollen wir wissen, dass der eine Verwendungszweck den anderen ausschließt? Der britische Wissenschaftler und Science-Fiction-Schriftsteller *Arthur C. Clarke* (»2001: Odyssee im Weltraum«) bringt die Lösung zum Meinungsstreit auf den Punkt:

»Jede weit genug entwickelte Technologie ist von Magie nicht zu unterscheiden.«

Der antike Computer

»Bei Erfindungen ist der Erste immer der Dumme:
den Ruhm kassiert der Zweite,
und das Geschäft macht erst der Dritte.«
MARTIN KESSEL (1901–1990)

Welches Genie konstruierte
die Maschine von Antikythera?

Fundort: Im Jahr 1900 am Meeresgrund in 40 Meter Tiefe zwischen den griechischen Inseln Kythera und Kreta. Taucher entdeckten ein vorchristliches Schiffswrack und bargen neben Kunstschätzen einen verrosteten Bronzeklumpen mit mehreren kleinen dazugehörigen Teilen.

Besonderheit: Lange Zeit wurde die Bedeutung des Fundes und dessen Funktion nicht erkannt. Erst in den 1950er Jahren prüfte der Experimentalphysiker Derek de Solla Price das Artefakt genauer. 1971 konnte mittels Röntgenaufnahmen der Nachweis erbracht werden, dass sich hinter dem korrodierten Klumpen eine Apparatur mit hochkompliziertem Differenzialgetriebe verbarg. Jüngste Studien bestätigten: Präzise Voraussagen von Sonnen- und Mondfinsternissen waren damit möglich. Ebenso exakte Berechnungen zum Lauf der Gestirne, darunter die Bahndaten der Planeten Merkur, Venus, Mars, Jupiter und Saturn.

Alter: Das Gerät wurde nach neuesten Erkenntnissen zwischen 150 und 100 v. Chr. gebaut. Welcher geniale Konstrukteur damals dazu imstande war, bleibt ein Rätsel.

Aufbewahrung: Archäologisches Nationalmuseum in Athen, Griechenland, ergänzt mit einer originalgetreuen Rekonstruktion. Weitere Modelle, die das einzigartige Räderwerk beschreiben, werden im

Deutschen Museum in München, im Astrono-
misch-Physikalischen Kabinett in Kassel und im
American Computer Museum in Bozeman,
Montana, aufbewahrt.

Eine Welt ohne Computer? Heute kaum vorstellbar. Viele moderne Errungenschaften – von der Autoindustrie über Medizin bis hin
zur Weltraumtechnologie – funktionieren nur dank hilfreicher Unterstützung ausgeklügelter Elektronengehirne. Seit wann sind die
Superrechner im Einsatz? Soweit bekannt, machten 1834 Zeich-
nungen des englischen Mathematikers *Charles Babbage* (1791–
1871) den Anfang. Sein Traum von einem automatischen Rechner
überstieg die technischen Möglichkeiten seiner Zeit. Es blieb bei
grauer Theorie, denn Babbages Maschine wurde nie vollendet.
Mehr als 100 Jahre vergingen, erst dann gelang dem deutschen
Bauingenieur *Konrad Zuse* (1910–1995) der Durchbruch. Seit
seiner Entwicklung des ersten elektromechanischen Ziffernrech-
ners im Jahre 1941 gilt er als Erfinder des Computers. Wenige
Jahre später wurde in den USA die erste »richtige« digitale Re-
chenanlage in Betrieb genommen. Das metallene Monstrum wurde »ENIAC« (Electronic Numerical Integrator and Calculator)
getauft, brachte 30 Tonnen auf die Waage und füllte eine ganze
Halle. Sein Stromverbrauch war so groß, dass ein ganzes Kraft-
werk für ihn arbeiten musste. Dennoch entsprach die Leistung
mit 5000 Rechenschritten pro Sekunde nicht mehr als jenen eines
modernen Taschenrechners. Die Computertechnologie entwickelte sich rasant. Heute sind *300 Millionen* Rechenschritte in der
Sekunde zu schaffen. Schon bald, und wir werden auch über diese technologische Höchstleistung amüsiert lächeln.
Wie war das im Altertum? Es fällt einem schwer zu glauben, dass
schon im antiken Griechenland hochkomplexe und noch dazu
recht handliche Hightech-Geräte existierten, um damit den Lauf

von Gestirnen exakt zu berechnen. Und doch waren sie im Einsatz. Die Maschine von Antikythera ist der bestechende Beweis dafür. Das Problem dabei: Der Fund stellt die Geschichtsschreibung auf den Kopf und bringt Wissenschaftler in arge Erklärungsnöte. Das bestätigten aktuelle Untersuchungen des Internationalen »Antikythera Mechanism Research Projects« unter der Leitung des Astrophysikers *Mike Edmunds*, deren Resultat im Wissenschaftsjournal »Nature« veröffentlicht wurde. »Zweifellos ist der Mechanismus von Antikythera ein Stück unglaublicher altgriechischer Ingenieurkunst, nur passt er einfach nicht in die Zeit vor 2100 Jahren«, zeigte sich der Professor der Cardiff University in Wales verwundert und ergänzte: »Ein vergleichbares Gerät wie dieses wurde nach unserem bisherigen Wissensstand erstmals im Mittelalter erfunden.«

Dem angesehenen Universitätsprofessor und seinen Fachkollegen erging es wie den Forschern im Zeitreise-Bestseller »Das Jesus Video« von *Andreas Eschbach*. In dem 1998 erschienenen und später verfilmten Science-Fiction-Roman graben Archäologen in Israel die Überreste eines Mannes aus, der vor 2000 Jahren gestorben war. Als Grabbeigabe legen die Forscher einen Leinenbeutel frei, der eine antike Videokamera enthält. Einen Gegenstand also, der absolut nichts in jener Epoche verloren hat, der er zugeordnet wird. Beim Computer aus der Antike ist es genauso. Nur mit einem Unterschied: Das verrückte Ding existiert wirklich! Seine Entdeckung und Erforschung verdanken wir mehreren glücklichen Umständen.

Es begann am Karsamstag des Jahres 1900. Zwei griechische Fischkutter wurden auf dem Weg in ihren Heimathafen von einem heftigen Unwetter überrascht. Nordwestlich von Kreta fanden die Seeleute Schutz in einer Bucht der kleinen Insel Antikythera. Am nächsten Morgen deutete nichts mehr auf das vortägige Meerestoben hin. Ein strahlend blauer Himmel, ruhige See, kurzum ein

Die »Maschine« ist in mehrere Teile zerbrochen. Im Nationalen Archäologischen Museum von Athen sind sie ausgestellt. Jahrzehntelang hielt man die Relikte im Museumsdepot verborgen. (Bild: Reinhard Habeck)

Ostersonntag, wie man ihn sich schöner kaum vorstellen konnte. Die Männer entschlossen sich zu einer Tauchaktion, um in dieser ihnen unbekannten Region nach Schwämmen zu suchen. Dabei entdeckte der Grieche *Elias Stadiatis* am Meeresgrund ein morsches Schiffswrack. Bereits die erste Überprüfung ergab: Das Boot sank mit wertvoller Ladung. Später barg die Tauchmannschaft kostbare Marmor- und Bronzestatuen, Münzen, Vasen und *Undefinierbares*, das von Muscheln und Tang überwuchert war. Nachdem die Behörden informiert wurden, benötigte es noch Monate schwieriger und gefährlicher Bergungsarbeit, bis alle Stücke sichergestellt waren. Die Schätze gelangten zur Untersuchung und Restaurierung nach Athen ins Archäologische Nationalmuseum. Dort war man von der Schönheit und Vielzahl der Kostbarkeiten beeindruckt. Anhand von Tonscherben stellten die Archäologen bald fest, dass die Ware von einem Handelsschiff stammen musste, das um 80 v. Chr. auf dem Weg nach Rom gesunken war.

Die eigentliche Sensation blieb monatelang unbeachtet. Stark korrodiert und unscheinbar, landeten die Reste der Maschine von Antikythera im Depot des Museums. Niemand interessierte sich dafür. Nur der Spürsinn des jungen Archäologen *Valerio Stais* war geweckt. Aufmerksam geworden war der Grieche deswegen, weil ihn die Utensilien der antiken Schiffsladung auffallend an den Mechanismus einer Bronzeuhr zu erinnern schienen. Als Stais die Bruchstücke vom Seetang befreite, bestätigte sich sein Verdacht. Der rätselhafte Fund war sicher aus Bronze hergestellt worden. An einigen Stellen konnte er eingravierte Symbole erkennen. Vorhandene Holzteile legten zudem den Schluss nahe, dass der Gegenstand ursprünglich von einem schützenden Behälter umgeben war.

Valerio Stais hielt seine Entdeckung nicht zurück: Er legte die zerbrochenen Teile der Museumsleitung vor. Wie zu erwarten war, bereitete die wahre Identität des metallenen Gegenstands den Gelehrten beträchtliches Kopfzerbrechen. Einige Archäologen hielten das seltsame Ding für ein Navigationsgerät. Doch verschiedene mit der Untersuchung befasste Wissenschaftler lehnten diese Erklärung als zu abenteuerlich ab – und weil bekanntlich nicht sein kann, was nach manch gelehrter Ansicht nicht sein darf, einigten sich die »Ungläubigen« auf eine absurde These: Da das aus verwirrenden Zahnrädern bestehende Artefakt nicht in die Vorzeit passe, sei es wahrscheinlich erst tausend Jahre später ins Meer gefallen oder hineingeworfen worden. Dabei sei die Apparatur durch einen reinen Zufall im vorchristlichen Handelsschiff gelandet – versteckt inmitten vieler anderer Kunstschätze.

Trotzdem war man sich immerhin einer Sache gewiss: Der Gegenstand galt als besondere Entdeckung, und man beschloss, das unbestimmte Gebilde zum geeigneten Zeitpunkt einer präzisen Überprüfung zu unterziehen. Niemand jedoch ahnte, dass es noch mehr als fünf Jahrzehnte dauern sollte, bis das löbliche Vorhaben in die Tat umgesetzt werden konnte. Der Impuls hierfür kam diesmal aus Amerika. Im Jahr 1958 erhielt der Experimentalphysiker und Mathematiker *Derek de Solla Price* (1922–1983) einen ehrenvollen Auftrag. Die American Philosophical Society hatte sich an ihn gewandt mit dem Ersuchen, nach Griechenland zu reisen und das mysteriöse Gerät aus dem Altertum zu untersuchen. Der verantwortliche Museumsstab in Athen erklärte sich mit diesem Vorhaben einverstanden.

Vor Ort erkannte der als Professor für Wissenschaftsgeschichte an der amerikanischen Yale University wirkende Engländer rasch die wahre Bedeutung des Fundes. Solla Price zeigte sich verwundert darüber, warum das Artefakt mit den auffälligen Zahnrädern so lange übersehen wurde. Der unsachgemäße Umgang, bedingt durch das Nichterkennen seiner Bedeutung, führte dazu, dass Teile beschädigt wurden oder verlorengingen. Anfänglich bestand das Relikt aus Überresten einer 32 mal 16 mal 10 Zentimeter großen Holzschachtel, auf der runde Skalen angebracht waren. Solla Price beschrieb es als »ein Gehäuse mit Zifferblättern auf der Außenseite, in dem ein sehr kompliziertes System von Zahnrädern befestigt war«. Inschriften in *Altgriechisch* verrieten ihm den Verwendungszweck: Es war ein Gerät, das komplizierten astronomischen Berechnungen diente. Die ersten Analysen dazu veröffentlichte Solla Price 1959 in dem Wissenschaftsjournal »Scientific American«.

Doch erst die 1971 von der griechischen Atomenergiekommission angefertigten Röntgenaufnahmen ermöglichten eine umfassende Rekonstruktion. Gammastrahlen durchleuchteten die Kalkverkrustung der Maschine und machten mehr als 30 aus Bronze gefertigte Zahnräder sichtbar. Beim Abzählen und Schätzen der nicht mehr vollständig erhaltenen Zähne stellte sich heraus, dass die Räder in einem Verhältnis von 254 zu 19 ineinandergegriffen haben müssen, was mit einem Fehler von nur 0,015 Prozent dem Verhältnis der Geschwindigkeit von Sonne und Mond entspricht. Diese Entdeckung untermauerte die Behauptung, dass es sich bei dieser Vorrichtung um einen astronomischen Computer gehandelt haben könnte, dessen Zeiger – die nicht gefunden wurden – auf einer Skala die Position von Gestirnen anzeigte.

Was Derek de Solla Price und andere Wissenschaftler dabei besonders irritierte: Ein Bauteil war mit einem perfekt durchdachten *Differenzialgetriebe* ausgestattet, das in seiner heutigen Form erst 1828 zum Patent angemeldet wurde! Am ehesten hätte man dem italienischen Allroundkünstler *Leonardo da Vinci* (1452–1519) die Konstruktion einer derart raffinierten Feinmechanik zugetraut, nicht aber Astronomen der Vorzeit. »Es scheint, dass die Mechanik von Antikythera tatsächlich eine Rechenmaschine war, die die Bewegungen der Sonne, des Mondes und wahrscheinlich auch der Planeten bestimmen und darstellen konnte«, resümierte Derek de Solla Price und sprach das daraus resultierende Problem offen aus: »Etwas Derartiges zu finden wie diesen griechischen Sternenrechner ist genauso, als würde man im Grab von Tutanchamun ein Düsenflugzeug entdecken ...«

Die Erklärung erregte solches Aufsehen, dass viele Historiker an einen Scherz dachten. Andere Skeptiker vermuteten in der Mechanik lediglich ein Kunstwerk, dem keine praktische Verwendung zugrunde lag. Dagegen behaupteten fantasiebegabte Zeitgenossen, das Wunderding sei von außerirdischen Wesen in prähistorischer Zeit zur Erde gebracht worden. Woher das Hightech-Gerät de facto stammt, wissen Forscher auch heute nicht.

Im Jahr 2005 unterzogen Wissenschaftler mehrerer internationaler Universitäten die Maschine von Antikythera einer erneuten Prüfung. Da der Fund wegen seiner Brüchigkeit nicht transportiert werden durfte, kamen die Experten mit hochentwickelten

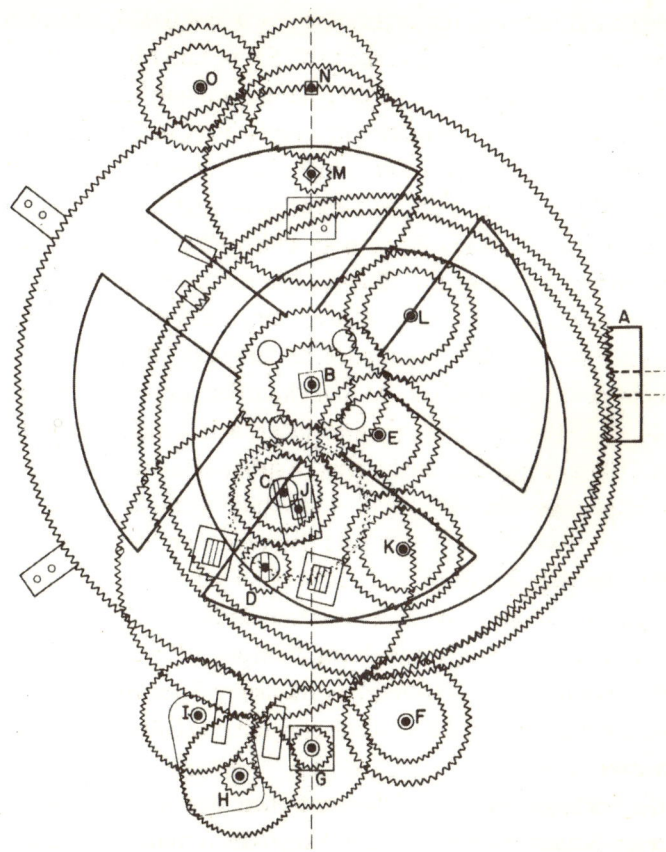

Die 2100 Jahre alte Maschine von Antikythera ermöglichte präzise Bahnberechnungen der Gestirne. Ihr raffinierter Mechanismus bestand ursprünglich aus rund 70 ineinandergreifenden Zahnrädern mit Differenzialgetriebe. Erst 1828 wurde dieses Prinzip zum Patent angemeldet und ist heute Bestandteil jedes Autos. (Bild: Reinhard Habeck)

Scannern und tonnenschweren Computertomografen nach Athen. Bei der aufwendigen Untersuchung stellte sich heraus, dass das

Wie ein Ding aus einer anderen Welt: Im Meer geborgene Bronze-klumpen entpuppten sich als Überreste eines altgriechischen Computers. (Bild: Erich von Däniken)

Gerät noch komplexer ist als bisher angenommen. Die dreidimensionalen, hoch aufgelösten Röntgenbilder machten Details sichtbar, die kleiner als einen Zehntelmillimeter sind. Damit konnte das Forscherteam selbst verwitterte Inschriften entziffern und rekonstruieren, dass die Maschine ursprünglich aus rund 70 Zahnrädern bestand. Die Analysen belegten damit im Wesentlichen, was man bisher von dem Instrument annahm. Fest steht: Die Frontscheibe zeigt die Position von Sonne und Mond sowie einen Kalender mit 365 Tagen, der sogar an Schaltjahre angepasst werden konnte. Die Rückseite war noch komplizierter: Sie hatte zwei Zifferblätter, die Sonnen- und Mondkalender miteinander verknüpften. Das Erscheinen bestimmter Tierkreiszeichen am Sternenhimmel ließ sich damit ebenso bestimmen wie die Tagundnachtgleiche, Voraussagen über Sonnen- und Mondfinsternisse konnten getroffen werden.

Da auch Bewegungen von Planetenbahnen angezeigt werden konnten, müssten die alten Griechen um die Kugelgestalt der Erde gewusst haben. Allem Anschein nach basiert der Antikythera-Mechanismus auf der Erkenntnis, dass die Erde um die Sonne kreist und nicht umgekehrt. Ein heliozentrisches Weltbild in der Antike? 1700 Jahre vor *Galileo Galilei* (1564–1642), der für seine kühne Behauptung nur knapp dem Scheiterhaufen der Inquisition entgangen war? Hinweise darauf lassen sich unabhängig von der Maschine aus Antikythera nachweisen – etwa in den Schriften des *Aristoteles* (384–322 v. Chr.). Der griechische Philosoph befürwortete zwar das geozentrische Weltbild, aber er kritisierte die Lehre der Pythagoreer, die das – woher auch immer – anders wussten. In der Chronik »De Caelo« (deutsch: »Über den Himmel«) heißt es dazu: *»Im Zentrum, sagen sie* (gemeint waren die Pythagoreer, Anm. d. A.), *ist Feuer und die Erde ist einer der Sterne und erzeugt Nacht und Tag, indem sie sich kreisförmig um das Zentrum bewegt.«*

Ein anderer bedeutender Astronom der Antike war der Grieche *Hipparchos* (um 190–120 v. Chr.). Er gilt als Vater der modernen Trigonometrie und erkannte Unregelmäßigkeiten in der Bahn des Mondes, verursacht durch seine elliptische Umlaufbewegung. Diese Erkenntnisse spiegeln sich auch in der verwirrenden Zahnradkonstruktion der Maschine von Antikythera wider. War Hipparchos womöglich an der findigen Herstellung beteiligt gewesen? Zu dieser These passt, dass Roms berühmtester Redner, *Cicero* (106–43 v. Chr.), in seinen Texten einen Freund namens *Posidonius* (135–51 v. Chr.) erwähnt, der mit einem astronomischen Gerät die relativen Positionen von Sonne, Mond und Planeten berechnen konnte. Viele Historiker halten diese Passage für ein Geflunker aus dem Reich »dichterischer Freiheit«. Doch Cicero dürfte

das beschriebene Gerät – mutmaßlich die Maschine von Antikythera – wirklich gesehen haben. Wer war dieser Posidonius? Nun,
sicher ein Geograf, der seiner Zeit weit voraus war. Er berechnete
die Entfernung von der Sonne zur Erde und vom Mond zur Erde
genauer, als dies zur Zeit *Isaac Newtons* (1643–1727) geschah.
Und noch etwas Interessantes lehrte Posidonius: Wenn man die
damals unmessbare Entfernung der Fixsterne von der Erde als
Maßstab für die Größe der Erde nimmt, schrumpft die Erde zu
einem Punkt zusammen. Ein gewitzter Mann also, dieser Posidonius – und: ein Schüler des berühmten Hipparchos, jenem zuvor
erwähnten Mathematikgenie, das auf *Rhodos* eine astronomische
Gelehrtenakademie betrieb. Was dabei stutzig macht: Das vor
Antikythera gesunkene Schiffswrack war voll beladen mit Münzen und Ware aus Rhodos. Es ist naheliegend, dass es von dort
losgesegelt war, bevor es mit dem hochtechnisierten Wunderding
im Meer versank.

Genies fallen aber nicht urplötzlich vom Himmel. Und eine komplizierte Technik wie der Mechanismus der Maschine von Antikythera lässt sich nicht auf Knopfdruck erfinden. Es muss schon
zuvor eine technologische Entwicklung gegeben haben, die sich
vielleicht über Generationen erstreckt hatte. Aber wo finden wir
die Anfänge dieser Entfaltung? Eine Quelle führt zum griechischen Universalgenie *Archimedes* (um 287–212 v. Chr.). Von ihm
ist überliefert, dass er eine Apparatur gebaut haben soll, mit der
schwierige Berechnungen zur Bestimmung von Himmelskörpern
möglich waren. Gefunden wurde dieses Instrument nie. Für or-
thodoxe Wissenschaftler nicht weiter verwunderlich, denn nach
geläufiger Lehrmeinung wäre die Konstruktion solcher Superrechner im Altertum nicht möglich gewesen. Folglich kann ein
derartiges Gerät auch nicht aufgespürt werden.

Die Maschine von Antikythera hat alle eines Besseren belehrt
und wirft dennoch viele brisante Fragen auf: War sie ein Einzel-

stück? Oder existierten noch andere Navigationscomputer? Wieso wurde das technische Know-how der Vorgeschichte nicht weiterentwickelt? Stattdessen sind epochale Erkenntnisse scheinbar spurlos über Jahrhunderte verlorengegangen, bevor Geistesblitze tausend Jahre später in der arabischen Welt annähernd Ähnliches hervorgebracht haben – weshalb der Wissensverlust? Sind kriegerische Auseinandersetzungen mit dem Römischen Imperium dafür verantwortlich? Gab es gewaltige Naturkatastrophen?

Wusste man im Altertum noch ganz anderes? Existierte eine Hochtechnologie, von der wir heute keine Ahnung mehr haben? Beweise? Vielleicht sind sie längst gefunden worden. Kennen wir wirklich all die verborgenen Hinterlassenschaften früherer Kulturen, die unerkannt in finsteren Kellerarchiven der Museen und archäologischen Institute verstauben? Ich behaupte: Ganze Wandschränke voll mit nicht klassifizierten Schätzen warten darauf, endlich aus ihrem Dornröschenschlaf geweckt zu werden. Ihre Aufarbeitung kostet Zeit, Geld und harte Arbeit. Die Anstrengungen würden sich aber bestimmt lohnen und für weitere Überraschungen sorgen. Die Erkenntnisse könnten eine neue Sichtweise unserer Vergangenheit notwendig machen. Für die Wahrheitsfindung wünschenswert wäre: unerforschte Nachlässe unserer Ahnen nicht nur einseitig herrschenden Dogmen unterzuordnen, sondern ebenso neue Betrachtungsweisen zu erlauben – etwa die Überprüfung der Frage nach *technologischem* Wissen im Altertum.

Bei der Maschine von Antikythera ist das mit Akribie und Courage erfolgreich gelungen. Dass sie vor 2100 Jahren mit einem Handelsschiff im Meer baden ging, war ein gewaltiger Glücksfall für die Wissenschaft. Nicht weniger ihre spektakuläre Entdeckung. Und erst recht, dass 100 Jahre nach der abenteuerlichen Bergung die umfassende Entzifferung ihres komplizierten Mechanismus gelang. Damit konnte bewiesen werden, dass die alten

Griechen weit fortgeschrittener waren, als ihnen bisher von Altertumsforschern zugetraut wurde. Darüber hinaus bestätigte sich aufs Neue: Die Geschichte der Menschheit folgt keinem geradlinigen Pfad. Viele technologische Errungenschaften der Neuzeit sind im Grunde genommen nur *Wieder*entdeckungen.

Computer gehören dazu!

Die Taube, die ein Flugzeug ist

»*Ich habe das Ding wirklich nicht gefunden
(auch der wiss. Museumsleiter, dem ich das Bild
aus Dänikens Buch zeigte, nicht). Inzwischen habe ich
schon von anderer Seite gehört, dass ich mich in diesem Punkt
geirrt habe. Das ist natürlich bedauerlich, ändert aber ebenso
natürlich nicht das Geringste an der wiss. Beurteilung
der haarsträubenden ›Argumentation‹ von Dänikens.
Aber wer wie Sie anscheinend an diesen Unsinn glauben will,
dem kann man mit Argumenten ohnehin nicht helfen, pardon!*«*
PROF. HOIMAR VON DITFURTH (1921–1989), PUBLIZIST,
FERNSEHMODERATOR UND NERVENARZT, IN EINEM SCHREIBEN AN
REINHARD HABECK, NACHDEM IHM DIESER 1979 EIN FOTO DES
»SAKKARA-FLUGZEUGES« ZUGESANDT HATTE, VON DEM DITFURTH
ZUVOR BEHAUPTETE, DAS DING SEI EIN HIRNGESPINST.

Rekonstruktion bestätigt die flugtechnischen Kenntnisse der Pharaonen

Fundort: 1898 in einem Grabschacht nahe der Stufenpyramide von Sakkara in Ägypten, 20 Kilometer südlich von Kairo.

Besonderheit: Jahrzehntelang lag das Artefakt unscheinbar inmitten verschiedener Vogelfiguren, bis 1969 (nach anderer Quelle: 1967) Prof. Dr. Khalil Messiha auf den Gegenstand aufmerksam wurde. Bei der genaueren Untersuchung durch Flugexperten entpuppte sich der »Vogel« als Modell eines Segelflugzeuges. Sein Hauptkörper misst fast 14 Zentimeter, die Flügelspannweite beträgt 18 Zentimeter, das Gewicht 39,12 Gramm. Es wurde aus dem Holz des Maulbeerfeigenbaumes geschnitzt und hat auf der rechten Kopfseite ein aufgemaltes Auge. Der Modellbautechniker Peter Belting fertigte getreu der antiken Vorlage ein großes Modell des Segelflugzeuges an. Geglückte Flugexperimente bestätigten den bisherigen Eindruck: Der altägyptische »Vogel« besitzt die aerodynamische Form moderner Tragflächen, und das senkrecht stehende Seitenruder entspricht dem Leitwerk heutiger Flugzeuge.

Alter: Um 250 v. Chr.

Aufbewahrung: Unter der Archivnummer 6347 im Raum 22 des Nationalmuseums für Altertümer in Kairo, Ägypten; der flugtaugliche Nachbau befindet sich in Privatbesitz von Peter Belting, Aurich, Deutschland.

Altägyptische Flugzeuge? Die etwas ungewöhnlich klingende Anspielung des britischen Archäologen Derek de Solla Price, der die wahre Identität der griechischen »Maschine von Antikythera« enthüllte und den Fund dieses Sternencomputers als ebenso sensationell einstufte wie die hypothetische Entdeckung eines Düsenflugzeuges in der Grabkammer eines Pharaos, scheint gar nicht so übertrieben. In einer altägyptischen Grabstätte wurde tatsächlich ein Flugzeug gefunden. Zumindest die Miniaturausgabe davon, ein *Segelflugzeugmodell* aus Holz!

Ende des 19. Jahrhunderts hatten französische Archäologen die Grabbeigabe aufgespürt. Ihre Bedeutung blieb unklar. Da an die Möglichkeit konstruierter Flugapparaturen nicht im Entferntesten zu denken war – den einstigen Pharaonen traute man derartige Kenntnisse nun doch nicht zu –, klassifizierte man das geflügelte Etwas flugs als – *Vogel*. In der Literatur wird das angebliche Federvieh seither als »Taube von Sakkara« bezeichnet, obwohl der Kopf, wenn schon Vogel, dann eher einem Falken ähnelt. Im Jahr 1919 wurde das Fundstück dann zwischen vielen Vogeldarstellungen im ägyptischen Museum in *Kairo* unter der Sammelnummer 6347 ausgestellt. Dort stand es ein halbes Jahrhundert unbeachtet in einer Vitrine, bis der Arzt und Archäologe *Khalil Messiha* (1924–1999) beim zufälligen Anblick stutzig wurde. Hier stimmte etwas nicht, wurde dem Ägypter plötzlich klar. Das konnte kein Vogel sein! Nicht nur die starre Konstruktion der geraden Flügel gab Messiha zu denken, es war vor allem die »Schwanzflosse«, die dem bekannten Vogelschema völlig widersprach. Ihre Form war nicht wie bei einem Vogel rund, sondern *eckig*. Und außerdem stand sie *senkrecht*. In der gesamten Evolutionsgeschichte existiert keine natürliche Vorlage für so einen komischen Kauz. Wer hat ihn konstruiert? Was war seine wahre Bedeutung?

Khalil Messiha informierte seinen Bruder *Guirguis Messiha*, einen Ingenieur für Luftfahrt. Gemeinsam vermaßen sie den »verrückten Vogel«, fertigten maßstabsgetreu Risszeichnungen an und analysierten jedes Detail. Das Ergebnis übertraf alle Erwartungen:

- Die *Flügel* des Artefakts sind aus einem Stück gearbeitet und verdünnen sich nach außen zu den Spitzen hin. Die Tragflügel sind aerodynamisch geformt und zeigen die Umrisse moderner Flugzeugflügel. Außergewöhnlich sind die Vorderkanten: Sie sind in V-förmigen Winkeln abgerundet, was die Flugfähigkeit begünstigt. Sie entsprechen der Form moderner Tragflächen.
- Der *Hauptkörper* besteht aus dem gleichen Holz wie die Tragflügel, wobei die Rumpfspitze keinem Schnabel, sondern einer kleinen Pyramide gleicht. Von der »Nase« ausgehend, nimmt der zu zwei Drittel ellipsenförmige Körper an Umfang zu. Er ist an der dicksten Stelle in der Lage, dem Wind den größten Widerstand entgegenzusetzen. Die stärkste Stelle ist dort, wo die Flügel getragen werden. Hier befindet sich eine rechtwinkelige Vertiefung, welche die Flügelkonstruktion aufnimmt, und zwar so, dass diese eine exakte Ebene mit der Oberfläche des Hauptkörpers bildet. Nach hinten wird der Rumpf ähnlich wie bei einem Fisch »zusammengedrückt«, was wiederum bei der Anfertigung aerodynamisch klug durchdacht worden war.
- Das *Heck* ist das auffälligste Merkmal des Modells. Es stellt das dritte Drittel des Rumpfes dar und ist aufrecht stehend angebracht. Die rechteckige Form der Heckflosse ist drei Zentimeter hoch und vier Zentimeter lang. Sie entspricht dem Seitenruder des Leitwerks neuzeitlicher Flugzeuge. Es weist eine Bruchstelle auf und eine kleine ausgestanzte Vertiefung mit winzigen senkrechten Bohrungen. Hier muss ursprünglich ein Bauteil angebracht gewesen sein, das spätestens bei der Bergung verlorengegangen ist. Die Logik spricht dafür, dass es

1979 vom Autor im Ägyptischen Museum für Altertümer fotografiert: Eine Vitrine mit diversen Vogelfiguren, darunter ein Objekt, das sich in der Formgebung auffällig von den anderen unterscheidet. In der ganzen Evolution ist kein derartiger Vogel bekannt. (Bild: Reinhard Habeck)

1898 wurde in einem Grab nahe der Stufenpyramide von Sakkara das Segelflugzeugmodell entdeckt. (Bild: Reinhard Habeck)

sich bei dem fehlenden Stück um das ergänzende Höhenruder der Konstruktion gehandelt haben müsste. Alle anderen möglichen Variationen passen nicht zum aerodynamischen Gesamtkonzept des Objektes.

Die Messiha-Brüder konnten die gewonnenen Erkenntnisse kaum glauben. Sie ließen deshalb eine Nachbildung der »Sakkara-Taube« mit genau denselben Maßen wie das Original anfertigen. Das fehlende horizontale Stück des Hecks wurde hinzugefügt. Bei einer ersten Erprobung im Beisein von Flugzeugtechnikern zeigte sich, dass das Parallelmodell beim Wurf in die Luft etliche Meter lang perfekt segeln konnte. Resümee der Messiha-Studie: »Die vermeintliche Vogelfigur entspricht mit ihren Konstruktionsmerkmalen exakt einem neuzeitlichen Fluggerät!«
Das sonderbare Exponat sei nicht das einzige seiner Art, behauptete Professor Khalil Messiha: »Mindestens acht weitere antike Flugmodelle wurden in Gräbern bei Sakkara gefunden. Sie liegen in den Archiven des Ägyptischen Museums in Kairo.« Eine Bestätigung für diese Angaben gibt es nicht. Auszuschließen ist ihre Existenz deshalb aber keineswegs. Von Messihas Forschungsarbeit abgesehen, fehlt zu diesem Thema bislang eine wissenschaftliche Publikation durch Ägyptologen. Mangelt es am Interesse, oder sind schwierige Recherchearbeiten der Stolperstein?

Im Jahr 1902 wurde das ägyptische Nationalmuseum eröffnet. Es enthält die größte Sammlung der Antike. Doch selbst für hochrangige Gelehrte des Hauses sind die legendären Kellerräume mit großen Schlössern verriegelt. Nur wenigen Menschen ist es bislang erlaubt worden, das unterirdische Schatzhaus zu betreten. Die Filmemacher *Rüdiger Heimlich* und *Thomas Weidenbach* gehören zu den glücklichen Zeitgenossen, denen dieses Privileg im Jahr 2007 zuteilwurde. Mit der Museumsdirektorin *Wafaa el*

Professor Khalil Messiha konnte mit seiner Studie belegen, dass die »Taube aus Sakkara« nicht viel mit einem Vogel gemeinsam hat, dafür aber aerodynamische Konstruktionsmerkmale moderner Flugzeuge besitzt. (Bild: Reinhard Habeck)

Saddik und in Begleitung von bewaffneten Polizisten betraten sie den geheimen Zugang im zweiten Untergeschoss. Was die beiden dort für eine WDR-ARTE-Dokumentation auf Film gebannt haben, ist wirklich unglaublich: In einem Labyrinth von 10 500 Quadratmetern türmen sich Hunderte Mumien, Sarkophage und eine unüberschaubare Ansammlung verschlossener Kisten unterschiedlicher Größen. Sie enthalten unbekannte Ausgrabungsstücke der berühmtesten Archäologen wie *Ludwig Borchardt* (1863–1938) oder *Howard Carter* (1874–1939). Die Kästen sind mit einer dicken Staubschicht bedeckt und unversehrt seit ihrer Einlagerung, die zum Teil vor dem Ersten Weltkrieg erfolgte. Das meiste davon ist weder beschriftet noch katalogisiert. Personalmangel und fehlende Finanzmittel haben das bisher verhindert, heißt es dazu lapidar von der Museumsleitung. Die Aufarbeitung der alten Hinterlassenschaften wird Jahrzehnte benötigen. Gewiss ist, dass das ägyptologische »Putzkommando« auf sensationelle Fundsachen und brisante Überraschungen stoßen wird. Warum nicht auch auf weitere Relikte, die das flugtechnische Wissen der Pharaonen belegen?

Angenommen, die Utensilien werden gefunden – was war ihr

Das rund 2300 Jahre alte Segelflugzeugmodell der alten Ägypter. Besonders auffällig: die hochgestellte »Schwanzflosse«. Sie entspricht dem Seitenruder des Leitwerks heutiger Flugzeuge. (Bild: Peter Fiebag)

Nutzen? Khalil Messiha hielt es für möglich, dass irgendwo unter dem Wüstensand verborgen oder in einer noch unentdeckten Kammer ein großer antiker Flieger seiner Entdeckung harrt, der dem Miniatur-Segelflugzeug einst Pate gestanden haben könnte. Womöglich sogar ein Transporter für schwere Lasten? Konkrete Spuren für diese fantastische These gibt es nicht. Außerdem stellt sich die Frage nach dem Antrieb. Ein Gleiter muss vom Boden aus gestartet werden. Dabei kann er heute von einem Motorflugzeug in Schlepp genommen werden, bis er genug Höhe gewonnen hat. Dann klinkt der Pilot das Seil aus, und das Segelflugzeug ist frei. Oder er wird ähnlich wie ein Drachen gestartet, den kleine Kinder steigen lassen, indem sie gegen den Wind laufen. Ein großer Gleiter wird an einem Drahtseil befestigt und von einem Auto oder einer Winde emporgezogen. Doch wie sollte das im alten Ägypten funktioniert haben? Könnte es einst wirklich eine größere Variante der »Sakkara-Taube« gegeben haben? Lassen sich die aerodynamischen Flugeigenschaften des Miniatur-Modells überhaupt 1:1 auf eine »Riesen-Taube« übertragen?

Drängende Fragen, die auch *Peter Belting* seit vielen Jahren keine Ruhe lassen. Der Modellbauflieger und Offizier der Deutschen Luftwaffe ist von der Möglichkeit antiker Fluggeräte überzeugt. Dahinter steckt mehr als nur graue Theorie. Belting fertigte anhand der Messiha-Studien maßstabsgetreu einen großen Prototyp des Gleiters an. Er verwendete für die Konstruktion Balsaholz und Kunststoffteile. Das Flugzeug ist kein Segelflieger mit Pilotenkanzel, aber immerhin ein wesentlich größeres Exemplar als das Museumsstück. 85 Zentimeter ist es lang, hat eine Spannweite von 110 Zentimetern und erreicht eine Geschwindigkeit von 20 bis 70 Stundenkilometern. Der Techniker baute zusätzlich einen Elektromotor ein und installierte an der »Nasenspitze« einen kleinen Propeller. Damit werden Extremmanöver wie Steigflug und Loopings möglich gemacht. Beim kleinen Original fehlen diese Hilfsmittel. Es bleibt daher Spekulation, ob es tatsächlich Gleiter mit Motorleistung gegeben hat – dennoch: Der Propeller kann abgeschaltet werden, womit ein Vergleich mit den Gleiteigenschaften zwischen Miniaturmodell und modernen Segelflugzeugen gegeben ist.

Im Jahr 1998 wurde diese Fähigkeit erstmals auf dem Flugplatz des Modellbauclubs *Aurich* in Niedersachsen getestet – exakt 100 Jahre nach Entdeckung der himmlischen Grabbeigabe aus Sakkara! Der Flugexperte Peter Belting wurde bei seiner Arbeit von den beiden deutschen Forscherkollegen *Algund Eenboom* und *Peter Fiebag* unterstützt. In ihrem gemeinsamen Sachbuch »Die Flugzeuge der Pharaonen« hat das Dreiergespann die erstaunlichen Ergebnisse der Flugexperimente anschaulich dokumentiert. Da lesen wir, dass das Modell mittels Handwurf in den Luftraum befördert wurde und »absolut problemlos ein sauberer Geradeaus-Steigflug begann«. Dazu bemerkt die Autoren-Troika weiter: »Kurze Zeit später erstarb das Motorgeräusch, und nun offenbarte diese alte Form, die schon im Reich der Pharaonen geflogen sein mag, ihre hervorragenden Gleitflugeigenschaften. Obwohl die Windverhältnisse etwas bockig waren, landete das Modell ähnlich einem Großsegelflugzeug in einem idealen langgestreckten Gleitwinkel, so, wie man dies auch von einer Passagierflugzeuglandung kennt.«

Die Verblüffung war perfekt, als die Forscher auf einen Artikel in der Fachzeitschrift »Flugmodell & Technik« aufmerksam wurden. Anlässlich der Europameisterschaften für Segelflugmodelle war in der Ausgabe Nummer 9 des Jahres 1998 Interessantes zu lesen: »Jaro Müller überraschte die gesamte Konstrukteurselite mit einer völlig unkonventionellen Tragflächenstruktur, die er genau genommen strikt gegen sämtliche gängigen aerodynamischen Konstruktionspraktiken realisiert hatte. Während zahlreiche Flugzeugtypen leicht nach oben gewinkelte Tragflächenspitzen aufweisen, zeigen die Tragflächenspitzen seines Modells *Ellipse 3* in einer leichten Wölbung nach unten. Die damit erreichten Flugeigenschaften waren dermaßen den anderen überlegen, dass dieser Prototyp auf Anhieb die vordersten Plätze belegte.«

Mit den leicht nach unten geneigten Flügelenden konnte eine Steigerung der Hochstartleistung erzielt werden. Das wussten moderne Flugexperten bis dahin nicht. Die alten Ägypter offenbar sehr wohl. Denn – und das ist das Sensationelle: Das kleine Miniaturholzmodell aus dem Pharaonenreich besitzt genau diese Tragflächenform! »Allermodernste, wissenschaftlich heutzutage noch nicht einmal ausgereifte Aerodynamik wurde demnach in diesem als Vogel verkannten Flugzeug realisiert«, fassen die Autoren Belting, Eenboom und Fiebag das frappante Ergebnis ihrer Studie über antike Flugtechniken zusammen.

Streitbare Skeptiker wird das freilich nicht vom Hocker reißen. Solange kein großer Flieger aus dem Wüstenboden gebuddelt worden ist, werden die Übereinstimmungen als »Zufälligkeiten« abgetan werden. Das aber wäre als Erklärung zu banal. Die neue

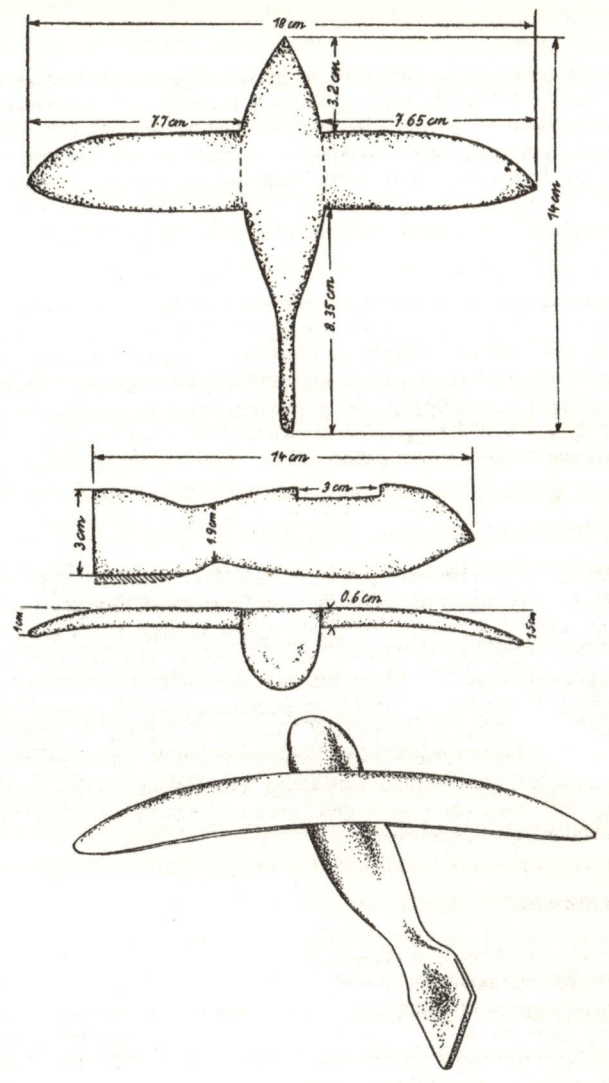

Konstruktionszeichnung des Sakkara-Flugzeuges (Bild: Reinhard Habeck)

133

Untersuchung stützt die bisherige Analyse der Brüder Messiha und lässt nur einen Schluss zu: Die perfekte Form des originalen Miniaturmodells mit seinen aerodynamischen Details muss einem ausgeklügelten Konstruktionsplan zugrunde gelegen haben! Der Erfinder und Erbauer hat viel Grips und Zeit für die Herstellung investiert. Er dürfte eine Reihe ähnlicher Gleiter gebaut haben, bevor er die endgültige »Idealform« gefunden hatte. All das spricht gegen die Mutmaßung mancher Zweifler, die das fliegende Vehikel für einen »zufälligen Geniestreich« eines altägyptischen Künstlers halten.

Andere Lösungsvorschläge wie »Kinderspielzeug« oder »Wetterhahn« konnten bisher ebenso wenig überzeugen. Eine neue Überlegung brachte Professor *Jan Assmann*, Leiter des Ägyptischen Instituts in *Heidelberg*, in die Diskussion ein: »Es gibt bei den alten Ägyptern einen prädynastischen Min-Kult. Bei diesem Fruchtbarkeitskult wurden Vögel in alle vier Himmelsrichtungen fliegen gelassen, wie es in alten Texten zu lesen ist. Für Wissenschaftler ein Rätsel, da niemand einen Vogel veranlassen kann, konkret nach Norden, Süden, Osten oder Westen zu fliegen.«

Die »Taube von Sakkara« ist ein hervorragender Gleiter, besonders für den Geradeausflug. Die Experimente mit Nachbauten von Messiha und Belting haben das eindrucksvoll bewiesen. Wurde ein solches Modell mit speziellen Flugeigenschaften beim Fest zu Ehren des Gottes Min verwendet? Professor Assmann hält das für möglich und regt eine weitere ägyptologische Erforschung dazu an. Dass der Fund ein kleines Flugzeugmodell darstellen sollte, glaubt der Wissenschaftler allerdings nicht, »sondern vermutlich ein zum Fliegen abstrahierender Min-Vogel, mit dem man von Katapulten abgeschossen, eine derartige Wirkung erzielen konnte.«

Dazu passt eine Besonderheit, die bereits Professor Khalil Messiha bei der ersten Prüfung des Holzmodells aufgefallen war: Auf

Erfolgreiche Flugexperimente mit einem rekonstruierten Nachbau bestätigten: Bereits die Pharaonen hatten das Know-how zum Fliegen! (Bild: Peter Fiebag)

der Unterseite sind nirgendwo Vogelbeine erkennbar, dafür ein gut sichtbares Bohrloch. »Ob es aus jüngerer Zeit stammt, um das Exponat auf einen Ständer zu stellen, oder im Altertum zum Beispiel an einem Pfeil befestigt war, der dann mit Hilfe eines Bogens abgeschossen werden konnte, ist nicht mehr feststellbar«, merkte Messiha in seiner Analyse an.

Dafür existiert ein schriftlicher Hinweis, der direkt zum Besitzer des Segelflugzeug-Modells führt. Er heißt »*Pa-di-Imen*« und steht auf einem Tuch, das gemeinsam mit dem flugfähigen Artefakt in Sakkara geborgen wurde. Die Übersetzung der Hieroglyphen lautet »Geschenk des Amun«, wobei das Zeichen »pa« ebenso als Begriff für das Wort »fliegen« verstanden werden kann. Hier knüpft wiederum die Verbindung zum Min-Kult an: Ab dem Neuen Reich, etwa um 1570 v. Chr., ging Min eine Symbiose mit verschiedenen anderen Göttern ein, so mit dem Sonnengott Re als *Min-Re* oder mit dem Falkengott als *Min-Horus*, schließlich wurde Min mit dem Schöpfer- und Luftgott *Amun* gleichgesetzt. Amun bedeutet »Der Verborgene« und hatte den Beinamen »Herr des Lufthauchs«! Die ägyptische Mythologie erzählt, »Amun verkörpert den unsichtbaren Lebenshauch und bringt Bewegung und Leben in die tote Masse des Chaos«.

Ein fliegendes Geschenk des Luftgottes! Gibt es eine treffendere Bezeichnung für einen altägyptischen Segelflieger? Die bisherigen Untersuchungen durch Flugexperten haben jedenfalls dargelegt, dass bis auf die Rumpfspitze, die auf der rechten Seite ein aufgemaltes Auge besitzt, das Modell in keinem Detail den anatomischen Eigenarten eines Vogels entspricht. Dafür zeigt die präzise Struktur umso deutlicher die Charaktere eines Segelflugzeuges! Die aerodynamische Formgebung kommt der Verkleinerung eines originalen einflügeligen Flugzeuges gleich. Dabei spielt es keine Rolle, ob tatsächlich bereits große, meterlange Gleiter im Reich der Pharaonen geflogen sind oder nicht. Das flugtüchtige Miniatur-Segelflugzeug wurde auf jeden Fall hergestellt! Das lässt sich nicht wegdiskutieren. Ebenfalls steht fest, dass der Konstrukteur ein Genie gewesen sein muss, egal ob man sein Minifluggerät nun als »Pa-di-Imen«, »Taube von Sakkara« oder als »abstrahierenden Min-Vogel« bezeichnet.

Eines lehrt uns das Beispiel neuerlich: Trotz Übersetzungen der Hieroglyphentexte wissen wir im Grunde genommen immer noch herzlich wenig über das alte Pharaonenreich, über seine fortschrittliche Kultur, die mythologisch verklärten Götterkulte und das profunde Wissen seiner Priesterschaft. »Es gäbe noch genug über das einstige Wissensgut meiner Urahnen zu erzählen«, bemerkte dazu der Segelflugzeug-Entdecker Professor Khalil Messiha nachdenklich, »doch würden wir dann Gefahr laufen, in einen Ozean von Gedanken zu gelangen, den wir nicht imstande wären auszutrinken.«

Die »Goldflieger« aus Kolumbien

»Große Gedanken brauchen nicht nur Flügel,
sondern auch ein Fahrgestell zum Landen ...«
NEIL A. ARMSTRONG (* 1930)

Präinkaische Goldamulette
im Spaceshuttle-Design

Fundorte: Schachtgräber im Gebiet der Kulturen Calima, Tolima und Tairona, Kolumbien, sowie Diquis, Costa Rica.

Besonderheit: Zwei bis fünf Zentimeter große Miniaturen aus Gold. Altamerikanisten deuten die Fundstücke als »religiösen Zierat«. Luft- und Raumfahrtexperten sind hingegen über die moderne aerodynamische Konstruktion verblüfft. Die Deltaflügel weisen eine dreieckige Trägerflächenform auf, die bei Flugzeugen mit hoher Geschwindigkeit verwendet wird. Sie sind wie bei dem von der NASA entwickelten Raumfährentyp Spaceshuttle an der unteren Seite des Rumpfes angebracht. Zusätzlich weisen die »Schmuckanhänger« Details auf, die präzise einem Leitwerk mit senkrechtem Seitenruder und horizontal angeordnetem Höhenruder entsprechen. In einer mehrjährigen Studie haben Forscher ferngesteuerte Modelle im originalgetreuen Maßstab 16:1 nachgebaut. Mit erfolgreichen Flugtests konnte der naturwissenschaftliche Nachweis erbracht werden, dass die präkolumbischen »Goldamulette« moderne Flugeigenschaften besitzen, für die es in der Natur keine Analogien gibt. Existierten bereits im Altertum unbekannte Flugmaschinen, die den Miniaturen als Vorbilder gedient haben?

Alter: Präkolumbisch um 500 n. Chr.

Aufbewahrung: Museo del Oro, Bogotá, Kolumbien, und in der Goldkammer des Bremer Überseemuseums, Deutschland; ein weiteres Kleinod im gleichen auffälligen Design wird im Ethnologischen Museum in Berlin-Dahlem aufbewahrt, stammt allerdings aus Mittelamerika.

Nicht nur in Ägypten finden sich erstaunliche Artefakte, die auf Flugerfahrung in frühgeschichtlicher Zeit hinweisen – auch im mittel- und südamerikanischen Raum existieren adäquate Beispiele. Zu den spektakulärsten Funden dieser Kategorie gehören die in der populärwissenschaftlichen Literatur bekannten »Goldflugzeuge« aus Kolumbien. Im Goldmuseum der Staatsbank von *Bogotá* werden die berühmtesten Exponate aufbewahrt. Mit ihnen noch rund 33 000 weitere Schätze filigraner Metallurgie, die vor der Habgier und Eroberungssucht der spanischen Konquistadoren gerettet werden konnten. Die wertvolle Sammlung spiegelt nicht nur die tiefe Gläubigkeit ihrer indianischen Schöpfer und damit ihre Vorstellung von dieser und einer »jenseitigen Welt« wider, sie zeigt ebenso den hohen Entwicklungsstand der vorkolumbischen Kulturen.

Die ursächliche Bedeutung vieler meisterhaft hergestellter »Kultobjekte« ist ungeklärt bzw. ihre Sinngebung zumindest umstritten. So wird beispielsweise eine 13 Zentimeter hohe Goldfigur von Wissenschaftlern als »anthropomorpher Kriegsanhänger« bezeichnet, gleichzeitig aber auch als »Fledermausgott« und ebenso als »Vogelmann« klassifiziert. Was stimmt nun? Die gleiche Ungewissheit wird bei der Erklärung zu den »Goldfliegern« deutlich. Für Altamerikanisten sind es lediglich »Schmuckstücke«, die »zoomorphe« oder »biomorphe« Fabeltiere darstellen. Den »Amuletten« hafte nichts Mysteriöses an, versichern Archäologen und bezeichnen die Miniaturen als fantasievolle

Kollektion der präkolumbischen »Goldamulette« im Spaceshuttle-Design. »Fliegende Krokodile« oder Miniaturen hypermoderner Flugmaschinen? (Bild: Algund Eenboom)

»Vogeldarstellungen« oder Nachbildungen von »Insekten, Motten, Fledermäusen und Fischen«. Die Interpretationen sind dabei recht kreativ. Eine offizielle Deutung lautet: »fliegende Krokodile«.

Was bei dieser zugegeben originellen These nicht zusammenpasst: die aerodynamisch perfekte Form der goldglänzenden Artefakte. Sie zeigen – ähnlich wie die »Taube aus Sakkara« – deutliche Kennzeichen, die man nur von modernen Flugzeugtypen her kennt. Dies gilt für die Deltageometrie der Tragflächen in angebrachter Tiefdeckerposition genauso wie für das ersichtliche Leitwerk mit der hoch aufragenden rechtwinkeligen Seitenruderflosse und dem horizontal dazu passenden Höhenruder. Die Eigenschaften sind außergewöhnlich. Der »Schönheitsfehler«: Sie widersprechen völlig der Anatomie aller flugfähigen Lebewesen, die – von der Urzeit bis heute – immer *Hoch-* oder *Schulter-*

deckerform aufweisen. Das bedeutet, dass etwa die Flügel an jener Stelle angebracht sind, wo wir Menschen unsere Arme haben. Was hat die Ureinwohner Altamerikas veranlasst, fliegende Gebilde im *Tief*decker-Design anzufertigen? Wie konnten Indigene etwas herstellen, wofür es in der Natur gar keine Vorlage gab? Von moderner Flugzeugtechnologie können die Ureinwohner Kolumbiens nichts gewusst haben. Oder etwa doch?

Ein Gelehrter, dem die sonderbaren Goldfunde erstmals ins Auge stachen, war der amerikanische Biologe und Schriftsteller *Ivan T. Sanderson* (1911–1973). Im Jahre 1969 wurden ihm zu Studienzwecken einige Repliken überlassen. Er untersuchte die »Kultobjekte« und fand bald heraus, dass es sich hierbei nicht um Nachbildungen sonderbarer Tiere zu Wasser oder im Luftraum handeln konnte. Vielmehr entdeckte der Forscher immer mehr typische Parallelen, die ihn an moderne Flugzeugformen erinnerten: trapezartige Flügel, Maschinenräume, Cockpits, Windschutz sowie mit Querrudern und Höhensteuern ausgestattete Heckflossen.

Sanderson legte seine gewagte These, hier handle es sich um goldene Minimodelle von prähistorischen Fluggeräten, einigen Piloten und Flugingenieuren vor – und wurde in seiner Interpretation mehrfach bestätigt. Gleichartigkeit mit modernen Überschalljets ist aber noch kein Beweis *tatsächlicher* Flugtauglichkeit. Um genau das abzuklären, »landete« Anfang der 1970er Jahre ein goldenes Flugzeugmodell im Aeronautical Institute in *New York*. Der Physiker *Arthur Poyslee* führte mit ihm etliche Tests im Windkanal durch. Dabei konnte er feststellen, was die Flügelform bei verschiedenen Geschwindigkeiten leisten kann. Das Ergebnis der Versuchsreihe kommentierte der Wissenschaftler fassungslos: »Die Möglichkeit, dass der Gegenstand einen Vogel darstellen soll, ist höchst unwahrscheinlich … Vögel mit derart präzisen Tragflächen und senkrecht hochgestellten Spannflossen kann man sich nicht vorstellen.«

Inzwischen bekräftigen andere Flugexperten und Raumfahrttechniker, dass »die Tragflächen an der Rumpf-Unterseite wie bei modernen Überschalldüsenflugzeugen der Typen *Eurofighter*, *Mirage 2000* oder *Concorde*« angebracht sind. Charakteristisch auch die Unterseiten der Modelle: Sie sind flach und strukturlos, wie bei Spaceshuttles und den erst in Planung befindlichen Hyperschalljets der Zukunft. Bei den wiederverwendbaren Raumgleitern ist die ebene Unterseite beim Eintritt in den Orbit von großer Bedeutung. Damit können extremer Staudruck und hohe Reibungshitze leichter ausgehalten werden. Was in diesem Zusammenhang noch auffällt: Die »Goldflieger« haben zwischen der tierähnlichen Rumpfspitze und dem anschließenden Rumpfsegment einen vertikalen Zwischenraum. Er misst höchstens drei Millimeter und entspricht in der Proportion exakt einem Bauelement, das man erst bei modernen Transportflugzeugen und Raumfähren vorfindet.

Historiker sprechen der Urbevölkerung Altamerikas und jeder anderen Kultur aus früher Zeit jegliche Befähigung ab, die zur Entwicklung von flugfähigen Maschinen geführt haben könnte. Die Miniaturausgaben existieren aber. Ihre Herstellung lässt sich nicht wegdiskutieren. »Alles bloß Zufälligkeiten!«, lautet dazu die Lieblingserklärung der Skeptiker. Eine plausible Gegenthese zur wahren Bedeutung der »Amulette« im Spaceshuttle-Design ist damit freilich nicht gegeben. Unglaubliche Zufälle müssen als Notlösung bekanntlich immer dann für etwas herhalten, wenn wir wie vom Blitz getroffen mit einem irrationalen Phänomen konfrontiert werden, das unser vertrautes Weltbild auf den Kopf stellt. Die »fliegenden Krokodile« sind ein anschauliches Beispiel dafür. Welche Schlüsse dürfen aus der frappanten Ähnlichkeit mit modernen Flugzeugen gezogen werden?

»Wahrheiten kann man nicht durch Beweisketten erschließen, man muss sie erproben«, postulierte der französische Kultautor und

*Modellflugexperte Peter Belting mit seinen flugfähigen Modellen,
die im Maßstab 16:1 den präinkaischen Vorlagen nachgebaut wurden. (Bild: Algund Eenboom)*

Berufspilot *Antoine de Saint-Exupéry* (1900–1944). Bei den
»Goldfliegern« ist diese Bedingung in die Praxis umgesetzt worden. Seit 1997 steigen detailgetreue Rekonstruktionen ferngesteu-
erter Modelle tatsächlich himmelwärts auf. Sie sind aus Styropor
und Kohlefaserverstärkung gefertigt und haben eine Spannweite
von einem Meter. Ihre Flugeigenschaften sind beachtlich: Schwierige Kunstflüge, wie schnelle Loopings oder wendige Rollen mit
anschließender zielgenauer Landung am Boden bereiten ihnen
keinerlei Mühen. Die technische Umsetzung gelang erneut dem
ambitionierten Modellbauexperten *Peter Belting,* unterstützt von
Fachkollegen aus dem Bereich der »Experimentellen Archäologie«. Genauso wie beim Nachbau des Segelflugzeugmodells aus
Sakkara konnte mit den geglückten Flugmanövern der experimen-
telle Nachweis erbracht werden, dass die »Goldflieger« alle aerodynamischen Anforderungen moderner Flugzeuge erfüllen.

Kritiker ignorieren dieses Faktum. Sie sagen, die Flugtests seien nicht wirklich beweiskräftig, da man mit dem richtigen Antrieb sogar einen Küchenstuhl zum Fliegen bringen könnte. »Vermutlich mag das stimmen«, räumt Peter Belting ein, »aber meine naturgetreuen Modelle schweben auch bei *abgeschaltetem* Motor in elegantem Gleitflug zur Landung und setzen weich auf der Piste auf.« Der Effekt hat Wissenschaftler des Flugzeugbaus und der Raumfahrt in Staunen versetzt. Professor *Uwe Appel*, Dekan der Technischen Universität in *Bremen*, kommentierte die Experimente beeindruckt: »Was für mich überraschend war: dass diese exakt nachgebauten Formen als Modell recht gut fliegen. Und wenn man sich die Palette mit unterschiedlichen Amuletten ansieht, dann scheinen diese Formen, die in Südamerika gefunden wurden, eher zu schnellen Formen mit einem Deltaflügel zu passen.«

Für das Team der Luftfahrtarchäologen ist daher die Studie noch lange nicht zu Ende. Zu spannend sind die Fragen, die sich mit den präinkaischen »Goldfliegern« verknüpfen. Warum gibt es zu den Fundstücken keine Ebenbilder in der Natur? Zeigen die perfekten Formen Kenntnisse einer fortschrittlichen Technologie, die im Laufe der Jahrtausende aus unserem Gedächtnis entschwunden sind? Unserem Wissensstand nach hatte vor 1500 und mehr Jahren keine irdische Kultur diese Hochtechnologie. Bleibt eigentlich nur die fantastische Möglichkeit einer *außerirdischen* Visite. Hatten die Ureinwohner Südamerikas Kontakt mit fremden Intelligenzen aus dem All?
Wiebke Ahrndt, Professorin für Altamerikanistik und Leiterin des Bremer Überseemuseums, hält nichts von derlei Spekulationen, gibt aber freimütig zu, dass man wenig über die religiösen Vorstellungen und Gebräuche der Urbevölkerung Kolumbiens weiß. Der in Bremen ausgestellte Goldschatz, darunter auch die Kollektion von acht »Goldfliegern«, kam über abenteuerliche Wege

Die Rekonstruktion mit Flugtest bewies: Der »religiöse Zierat«
besitzt erstaunliche aerodynamische Flugeigenschaften, die mit
modernen Raumfähren vergleichbar sind. (Bild: Peter Fiebag)

ins Museum. Eine wissenschaftliche Grabung gab es nicht. Die
Kunstschätze wurden bei einer Raubgrabung zutage gefördert.
Niemand kann genau sagen, an welchem Platz die Gegenstände
bei ihrer Entdeckung gelegen haben. Was ihre ursprüngliche ritu-
elle Bedeutung war, liegt im Dunkeln. Gesichert ist: Der kolum-
bianische Forscher und Sammler *Vincente Restrepo* (1837–1899)
aus Medellin hatte den Goldschatz erworben und ihn später an
den deutschen Kaufmann *Carl Schütte* (1839–1917) weitergegeben. Von ihm gelangte die wertvolle Sammlung schließlich als
Geschenk an das Bremer Museum für Natur-, Völker- und Han-
delskunde. Das war im Jahre 1900. Danach gerieten die eigenwilligen »Schmuckstücke«, trotz ihres hohen ideellen wie finanziel-
len Wertes (es handelt sich um etwa vier Kilo künstlerisch be-
arbeitetes Gold), in einem Tresor des Museums in Vergessenheit.
Erst 1996 wurden sie »wiederentdeckt« und in der Goldkammer
des Überseemuseums ausgestellt, wo sie seither von Besuchern
aus nah und fern bewundert werden können.

Wer dann neugierig vor Vitrinen steht und sinniert: »Was zum Kuckuck sind denn das für merkwürdige Dinge?«, bekommt im Begleittext die nüchterne Antwort: »Anhänger aus Gold, geflügeltes Krokodil« oder »Serie von Anhängern aus Gold in Fischform«. Doch weshalb haben die Miniaturen ausgerechnet die Gestalt und Flugeigenschaften moderner Düsenjets? Die Direktorin Wiebke Ahrndt glaubt den Grund dafür zu kennen: »Schamanen haben im Kokainrausch derartige skurrile tierische Mischwesen geschaffen.« Zauberpriester als Erfinder von »Fabeltieren« mit hypermoderner Flugzeugcharakteristik? Für Fachärzte der Neurologie und Psychiatrie ist diese Interpretation medizinisch unhaltbar, denn: »Im Drogenrausch werden die Empfindungen unserer Sinnesorgane zwar verändert, aber alle Sinneserscheinungen und Visionen können nur auf der Basis der jeweiligen kulturellen Entwicklungsstufe ablaufen.« Anders ausgedrückt: Urvölker konnten unter dem Einfluss von Rauschgiften nicht detailgenaue Modelle von Flugmaschinen konstruiert haben, die 1500 Jahre später als Großformat zum wichtigsten Verkehrsmittel rund um den Globus geworden sind. Technische Erfindungen haben immer eine Vorgeschichte, die nicht Jahrtausende überspringen kann, sondern sich in kleinen Schritten entwickelt. Diese technische Evolution fehlt bei den »Goldfliegern«, die offenbar »plötzlich« aus dem Nichts entstanden waren.

Woher sind die Hightech-Formen dann aber abgeleitet? Waren doch frühzeitliche Science-Fiction-Künstler am Werk? Oder wurden diese Objekte wirklich existierenden Flugzeugen nachempfunden, die einst über den Gipfeln der Anden geflogen waren? So ungewöhnlich, wie es scheint, ist dieser Gedanke nicht. Rätselhafte Himmelserscheinungen sind keine Erfindung der Neuzeit. Berichte über »fliegende Wagen der Götter« sind seit Jahrtausenden überliefert. Heute spricht man vom UFO-Phänomen. Was wirklich dahintersteckt, wissen wir immer noch nicht. Banale Er-

Missverstandene Technologie auf Neuguinea: Flugzeuge wurden in Stroh imitiert und als »Götterfahrzeuge« verehrt. (Bild: Archiv Erich von Däniken)

klärungen wie »Sinnestäuschung«, »Ersatzreligion« oder »Naturwunder« konnten das Rätsel bisher nicht befriedigend lösen. Millionen Menschen haben nicht nur UFOs gesehen, viele von ihnen schwören, sie hätten auch Kontakte zu fremden Wesen aus einer anderen Welt gehabt. Weist die Motivation zur Herstellung der »Goldflieger« in die gleiche Richtung? Könnten die »Goldflieger« Ausdruck einer unverstandenen Technologie sein? Liegt dem Phänomen ein *Cargo-Kult* zugrunde? Ethnologen verwenden den Ausdruck im Zusammenhang mit Eingeborenen, die erstmals mit hochmoderner Technologie konfrontiert wurden, sei es als Geschenk oder beim Austausch von Handelsware. Als die ersten europäischen Forscher, Missionare und Händler in die Urwälder vordrangen, wussten viele Indigene nicht, woher diese »neuen Dinge« stammten, und schrieben ihnen deshalb eine »göttliche« Herkunft zu.

Das Liniennetz von Nazca kann aus dem Weltraum angepeilt wer-
den. Wurde es zu diesem Zweck geschaffen? (Bild: NASA)

Einer der bekanntesten Cargo-Kulte stammt aus jüngerer Geschichte und entstand auf Neuguinea im Südpazifik. 1945 hatten
amerikanische Soldaten auf der Insel einen militärischen Außen-
posten stationiert. Für die Eingeborenen waren die »magischen
Kräfte« der Fremden unverständlich: Sie konnten fliegen, hatten
große »Vögel« als Transportmittel, besaßen gefährliche »Donner-
waffen« und waren imstande, Stimmen in kleine Kästchen zu
sperren. Was ein Radio oder ein Transportflugzeug ist, war den
Ureinwohnern Neuguineas zu diesem Zeitpunkt unbekannt.
Kaum waren die wundersamen Gestalten samt ihren »Zauber-
geräten« verschwunden, bauten die Ureinwohner symbolisch die
Technik nach, ohne zu ahnen, wie die Apparaturen tatsächlich

Das rätselhafte Wunderwerk in der Wüste von Nazca erinnert an einen prähistorischen Flugplatz. Wurde er im Zuge eines Cargo-Kults angelegt, hoffend auf die Wiederkehr himmlischer »Götter«? (Bild: Reinhard Habeck)

funktionierten. Als Jahre später Forscher in die Urwaldregion zurückkehrten, trauten sie ihren Augen nicht: Einheimische hatten lebensgroße Flugzeugmodelle aus Stroh angefertigt sowie Anlagen, die den militärischen Landebahnen der »amerikanischen Götter« nachempfunden waren. Ein Cargo-Kult war in der Hoffnung entstanden, neue mysteriöse »Riesenvögel« aus dem Himmel anzulocken.

Das skurrile Phänomen, das immer dann auftritt, wenn eine »primitive Kultur« mit einer technologisch fortgeschrittenen Kultur in Berührung kommt, muss auch in der Vergangenheit gegolten haben. Das Weltwunder von *Nazca* an der südperuanischen Küste könnte seine Entstehung einem solchen »Nachahmungskult« verdanken. Auf einer Fläche von über 500 Quadratkilometern liegt ein Gewirr an geometrischen Symbolen, trapezförmigen Mustern und Tierfiguren in überdimensionaler Größe, die paradoxerweise von der Erde kaum auszumachen sind. Ein Großteil der Zeichen besteht aus kilometerlangen, schnurgeraden Linien, die kreuz und quer durch die Pampa führen. Teilweise wurden ganze Bergkuppen abgetragen und planiert. Nazca lässt sich sogar aus dem Weltraum anpeilen: Auf Satellitenbildern, aufgenommen in 920 Kilometern Höhe, lassen sich die Hauptlinien des Netzsystems erkennen. Die Entstehung der gigantischen Wüstenzeichen datieren Archäologen in eine Epoche zwischen 500 v. Chr. und 500 n. Chr. Doch wozu der gewaltige Aufwand? »Astronomischer Kalender«, »Rillen für Regen-Prozessionen«, »religiöses Jahrbuch« oder »vorzeitliche Olympia-Anlage« lauten einige der vielen vergeblichen Bemühungen, das Rätsel von Nazca zu lösen. Keine der wissenschaftlichen Deutungen konnte bisher plausibel erklären, weshalb die riesenhaften Muster und Linien so angelegt worden sind, dass sie nur aus der Vogelperspektive in ihrem Erscheinungsbild erfasst werden können.

Niemand, der schon einmal die Gelegenheit hatte, über die Pampa von Nazca zu fliegen, kann sich des atemberaubenden Eindrucks entziehen, einen prähistorischen Flugplatz unter sich zu haben. Offenbar wurde das Liniennetz für jemanden angelegt, der von »oben« herab zur Erde steigen konnte. Gerade dieser Umstand inspirierte *Erich von Däniken* zu seiner fantastischen Idee: Die Zeichen wurden von Menschen (nicht von Außerirdischen, wie Kritiker dem Schweizer immer wieder gerne unterstellen) angefertigt, um Besuchern aus dem Kosmos anzuzeigen: Landet hier! Ist das geometrische Liniennetz als Erinnerung an himmlische Wesen zu verstehen? Waren diese »überirdischen Geschöpfe« in Wahrheit *Astronauten* fremder Planetensysteme, die wegen ihrer überlegenen Technik – analog zu den Cargo-Kulten aus Neuguinea – als »Götter« verehrt wurden? Wollte man mit den Scharrbildern aus Nazca ein Zeichen setzen, hoffend auf die Wiederkehr dieser »Götter«? Deutet man die »Goldflieger« aus

Im Original nur wenige Millimeter groß: goldene Nadelköpfe mit »Göttermasken«. Was wollten die Urvölker Kolumbiens darstellen? Ahnengeister oder fremde Astronauten? (Bild: Bernhard Moestl)

Kolumbien als Nachbauten überirdischer »Götterfahrzeuge«, schließt sich der Kreis. Folgt man dieser kühnen These weiter, bleibt nur mehr eine Frage offen: Wer steuerte die hochmodernen Fluggeräte?

Einen Hinweis darauf geben vielleicht die filigranen Goldnadeln der *Calima*-Indianer. Sie lebten in den Tälern westlich des Andengebirges um 1000 v. Chr. bis 1000 n. Chr. Ihre Wohnsitze hatten sie auf künstlich angelegten Terrassen erbaut. Wie die »Goldflieger«-Schöpfer der *Tolima* und *Tairona* waren auch die Calima begnadete Meister der Goldschmiedekunst. Neben filigranen Kunstwerken verarbeiteten sie Gold zu *poporos*. Das waren spezielle Gefäße zur Aufbewahrung von Kalk. Er wurde aus pulverisierten Muscheln gewonnen und mit gerösteten Coca-Blättern vermischt. Diese Mischung erzeugte die stimulierende Wirkung einer betäubenden Droge, die als Teil traditioneller Riten galt. Schamanen gelangten dadurch in andere Bewusstseinszustände, um mit »höheren Wesen« in Verbindung zu treten. Damit der Kalk vom Boden der *poporos* sich löste, wurden goldene Nadeln benutzt. Die nur wenige Millimeter großen Köpfe

151

dieser Werkzeuge schmücken fremdartige Menschen- und Tier-
gestalten in grotesken Masken, geschlossenen Helmen und »Ze-
remonienkostümen«. Sie sollen »überirdische Wesen« darstellen,
die als »Götter« angesehen wurden, sagen Wissenschaftler. Doch
wer sich hinter der Maske dieser »höheren Intelligenzen« verborgen hat, darüber scheiden sich die Geister. Wenn keine Fantasie-
gestalten, was dann? Ahnen aus dem Jenseits? Wesen aus Paral-
lelwelten oder unbekannten Dimensionen? Zeitreisende Besucher
aus der Zukunft? Außerirdische aus den Tiefen des Alls? »Götterfiguren« und »Goldflugzeuge« als Souvenirs aus der Anderswelt?
Wer vermag es mit absoluter Gewissheit zu sagen?

Für den britischen Astronomen und Mathematiker *Sir Fred Hoyle*
(1915–2001) gab es keinen Zweifel: »Unser Planet ist nicht das
biologische Zentrum des Universums, sondern nur eine Art Treff-
punkt.«

Die Prä-Astronauten

»Was in den Mythen unwahrscheinlich vorkommt,
erschließt uns den Weg zur Wahrheit.
Je paradoxer und ungewöhnlicher das Rätsel ist,
desto mehr scheint es uns zu mahnen,
uns nicht auf das nackte Wort zu verlassen,
sondern uns um den in ihm verborgenen
Wahrheitsgehalt zu bemühen.«
FLAVIUS CLAUDIUS JULIANUS (331–363 N. CHR.)

Schamanenkulte, antike Taucher oder Besucher aus dem Kosmos?

Fundorte: Globales Phänomen mit Schwerpunkten in Süd- und Mittelamerika.

Besonderheit: Prähistorische Plastiken sowie Fels- und Höhlenkunst, die »Götter« und »mythologische Geschöpfe« mit Helmen und Gesichtsmasken zeigen, zum Teil umgeben von einem Strahlenkranz. Oft werden diese Wesen in Anzügen dargestellt, ausgestattet mit modern anmutender Ausrüstung. Über den Ursprung und die Bedeutung der Symbolik gibt es kontroverse Ansichten. Die meisten Archäologen interpretieren die Zeugnisse als »Ahnengeister«, »Traumbilder der Schamanen«, »Magier in Ritualkostümen« oder »Ballspieler in ihrer Kluft«. Neuerdings wird erwogen, einige Wiedergaben als »antike Taucher« zu betrachten. Vertreter der Paläo-SETI-Forschung vermuten hingegen, dass unsere Urväter einst Kontakt mit einer außerirdischen Zivilisation gehabt haben. Nach dieser These wird die fremdartig wirkende »Mythologie in Stein« als Erinnerung an »Götter aus dem All« aufgefasst.

Alter: Prähistorisch.

Aufbewahrung: Große Monumente stehen im Museo Nacional de Antropología, Mexico City, und im Parque-Museo de la Venta, Villahermosa, Tabasco, Mexico; Miniaturen beherbergen vor allem Museen in Ecuador, etwa das Museo Arqueológicio

Weilbauer, Pontificio Universidad Catolica, in Quito; Museo de las Culturas Aborigines in Cuenca sowie die Banco Central del Ecuador.

Sind wir allein im Weltall? Können wir, wenn außerirdische Intelligenzen existieren, mit ihnen in Verbindung treten? Oder haben sie der Erde längst einen Besuch abgestattet? Gibt es Spuren ihrer einstigen Präsenz? Fantastische Gedanken, die wie kaum ein anderes Thema unsere Fantasie beflügeln.

Wie bei vielen zunächst als unrealistisch geltenden Ideen – denken wir nur an bemannte Raumfahrt –, finden wir Anspielungen über außerirdische Eingriffe bei den Science-Fiction-Schriftstellern. Bereits in den 1920er Jahren schilderten Romanautoren wie *Howard Phillips Lovecraft* (1890–1937) den Besuch von Außerirdischen in der Frühgeschichte mit hinterlassenen Relikten, die erst von einer späteren Zivilisation gedeutet werden. Noch ältere Beschreibungen werden in den Werken von *Charles H. Fort* (1874–1932) erwähnt, der zeitlebens unermüdlich Artikel über merkwürdige Ereignisse gesammelt hatte. Der amerikanische Autor gilt als Pionier der Erforschung unerklärlicher Phänomene.

Inzwischen sind die Außerirdischen allgegenwärtig. Seit vielen Jahrzehnten wird über Pro und Kontra ihrer Existenz diskutiert. Skeptiker verbannen das Thema nach wie vor ins Reich der Utopie und bezeichnen die These prähistorischer »E.T.«-Kontakte als »absurd«, »unmöglich« oder »pseudowissenschaftlich«. Freidenker sehen das anders. Sie behaupten, dass alte Überlieferungen Indizien für außerirdische Eingriffe enthalten, die man nicht ignorieren sollte. In den Mythen fast aller Kulturkreise gibt es Erzählungen über göttliche Geschöpfe, die in längst vergessener Zeit mit seltsamen Gefährten vom Himmel herab zur Erde geflogen seien und ihr reiches Wissen an die Menschen weitergegeben hätten. Ebenso werden archäologische Rätsel und Götterskulpturen mit fremdartigen Attributen als Belege für diese These aufgefasst. Darüber hinaus berichten uns manche Naturvölker noch heute vom Erscheinen überirdischer Wesen, deren einstige Anwesenheit durch alte Traditionen, Kulte und Bräuche bis in die Gegenwart erhalten geblieben sind. Zeugnisse dieser Art, die als Hinweise auf mögliche vorzeitliche Astronautenbesuche gedeutet werden, lassen sich unter dem Schlagwort *Prä-Astronautik* oder *Paläo-SETI-Forschung* zusammenfassen. Der englische Begriff SETI steht für das NASA-Projekt »Search for extraterrestrial intelligence«. Folglich wird Paläo-SETI mit der »Suche nach außerirdischen Intelligenzen in der Vergangenheit« gleichgesetzt.

Mit *Erich von Däniken* begann vor vierzig Jahren das neue Zeitalter der Prä-Astronautik. 1968 landete der Schweizer mit seinem Buch »Erinnerungen an die Zukunft« einen beispiellosen Weltbestseller, dem über dreißig weitere Titel und Fernsehfilme folgten. Dänikens Thesen provozierten die etablierte Wissenschaft und stoßen bis heute auf Widerstand. Doch weshalb sollten die Fragen, die Däniken und Mitstreiter aufwerfen, nicht erlaubt sein? Was sind die wahren Gründe für die Entstehung der Religionen? Warum wird in den heiligen Schriften, und zwar weltweit, von »himmlischen Lehrmeistern« gesprochen? Waren die mythologischen »Götter« in Wirklichkeit fremde Astronauten? Schufen außerirdische Intelligenzen die menschliche Spezies nach ihrem Ebenbild?

Provokante Gedanken, die Zweifler auf den Plan rufen müssen. Dennoch ist die kategorische Ablehnung von wissenschaftlicher Seite nicht so einheitlich wie nach außen vorgegeben. In akademischen Fachkreisen finden sich namhafte Befürworter der These über extraterrestrische Besuche in der Frühgeschichte. An Universitäten, Instituten und Forschungsstätten der ganzen Welt wird die strittige Frage freimütig diskutiert. Anders ist das Bild in der Öffentlichkeit. Hier hat das Thema Außerirdische einen schweren Stand und wird von Medien leider oft intolerant behandelt. Das Reizwort »Außerirdische« landet meist wie selbstverständlich in der Abteilung »Hollywood-Aliens«. Mit ein Grund dafür sind teils abenteuerliche UFO-Geschichten, die einer wissenschaftlichen Überprüfung selten standhalten und es den Skeptikern in ihrer Argumentation leichtmachen.

Und die Paläo-SETI-Hypothese? Genügt sie den wissenschaftlichen Ansprüchen? Der Sozialwissenschaftler Professor *Luis E. Navia* von der New York University hat die Fakten zur Unterstützung der Paläo-SETI-Hypothese in einer Studie geprüft und ist zu dem Schluss gekommen, »dass die Theorie frühgeschichtlicher Kontakte mit außerirdischen Intelligenzen in genügendem Ausmaß den wissenschaftlichen Bedingungen entspricht«. Navia geht sogar einen Schritt weiter: »Diese Hypothese wirft mehr Licht auf die gesammelten Unterlagen menschlicher Frühgeschichte als manche andere erklärende Hypothese.«

Kamen die »Götter« des Altertums aus den Tiefen des Alls? Eine ungeklärte Frage, die sich beim Betrachten vieler archäologischer Funde stellt. Ein berühmtes Beispiel dafür ist die Grabplatte von *Palenque* im mexikanischen Bundesstaat *Chiapas*. 1949 legte der mexikanische Archäologe *Alberto Ruz Lhuillier* (1906–1979) die Krypta des »Tempels der Inschriften« frei. Dabei entdeckte er in 25 Metern Tiefe einen Sarkophag, den ein 3,80 Meter langer, 2,20 Meter breiter und 0,25 Meter dicker sowie acht Tonnen schwerer, prächtiger Grabdeckel verschloss. Auf ihm eingraviert ist ein kunstvolles Relief in hartem, feinkörnigem Kalkstein. Im Mittelfeld ist eine figurale Darstellung zu sehen, die sich in einem seltsamen Gebilde befindet. Die Bedeutung der Szene wird unterschiedlich ausgelegt. Es soll König *Pacal* zeigen, der in die Unterwelt hinabsteigt oder in den Rachen eines Ungeheuers fällt.

Die Reliefabbildung auf der Grabplatte von Palenque wird im Sinne der Paläo-SETI-Hypothese als »Mensch in Raumfahrerpose« gedeutet. (Bild: Reinhard Habeck)

Aus seinem Körper wächst ein »Weltenbaum«, und ein übernatürlicher Vogel schwingt sich empor.

Anders lautet die fantastische Interpretation im Sinne der Prä-Astronautik: Das Bild lässt die »Fötushaltung« von Pacal als uns heute geläufige »Raumfahrerpose« erscheinen, den »Weltenbaum« als »Vehikel«, die »Zähne der Regengottmaske« als »Düsenaggregat« und die bartartigen Linien darunter als »züngelnde Feuerflamme«. Gleichzeitig scheinen die Hände des Fürsten Instrumente zu betätigen. Die Übersetzungen der Mayaglyphen auf der Grabplatte lassen dazu keinen grundsätzlichen Widerspruch erkennen. Ihre Symbolik zeigt einen außergewöhnlichen kosmischen Bezug und soll »Pacal im Zentrum des Kosmos« darstellen. Ein Nachbau der Krypta und die im Grab gefundenen Gegenstände sind im Nationalmuseum für Anthropologie in Mexiko-Stadt ausgestellt.

Der Drachenmonolith von La Venta. Ein behelmtes Wesen sitzt eingeschlossen im Drachen und bedient einen Hebel. Was war das Vorbild für diese Darstellung? (Bild: Reinhard Habeck)

Bleiben wir noch in der Region und besuchen das Freilichtmuseum in *La Venta* im Bundesstaat Tabasco. Hier lag vor 3000 Jahren das Zentrum der *Olmeken*-Kultur mit seinen sagenhaften Schätzen. In den 1950er Jahren waren die Hinterlassenschaften durch die Entdeckung von Erdölvorkommen bedroht. Der Dichter und Anthropologe *Carlos Pellicer* (1899–1977) organisierte eine Rettungsaktion. Seither können Besucher in dem an der Laguna de las Ilusiones gelegenen Naturpark beeindruckende Exponate bestaunen, darunter 20 Tonnen schwere Riesenköpfe aus Basalt sowie Steinaltäre und Stelen, die »fliegende Götter« zeigen. Zu den außergewöhnlichsten Entdeckungen zählt der *Drachenmonolith*, der offiziell mit »Monument Nr. 19« betitelt wird. Er ist 95 Zentimeter hoch und zeigt eine Gestalt, die innerhalb der Konturen einer Schlange oder eines Drachen eingekapselt sitzt. Das abgebildete Wesen trägt einen geschlossenen Helm und bedient einen Hebel. Knapp über dem Kopf ist ein viereckiger Kasten dargestellt, der modern interpretiert an einen Computerbildschirm erinnert. Ausdruck unverstandener Mythologie? Präsentiert das Monument reale technische Details? Haben Bildhauer in Stein gemeißelt, was sie zwar an überlegener Technik bei den »Göttern« beobachtet, aber in der Funktionsweise nicht verstanden hatten?

Die gleichen Fragen drängen sich beim Betrachten der 2,54 Meter hohen *El Baúl-Stele* in der Nähe des Ortes *Santa Lucia Cozumalhuapa* im heutigen Guatemala auf. Sie trägt die wissenschaftliche Bezeichnung »Monument Nr. 27« und soll aus der Maya-Epoche um 400 n. Chr. stammen. Zu sehen ist eine stehende Figur in merkwürdiger Kleidung und wiederum mit geschlossenem Helm. Manche Archäologen erkennen in ihm einen »stilisierten Affenkopf«. Diese angebliche »Affenmaske« besitzt eine Sichtluke, hinter der das Auge eines menschlichen Gesichtes zu erkennen ist. Schläuche führen von Mund und Ohr zu einem Behälter

Ausschnitt der 2,54 Meter hohen El Baúl-Stele in Guatemala. Die Gestalt trägt einen geschlossenen, Helm mit Schläuchen, die zu einer Art Tank auf dem Rücken führen. Maya-Astronaut? Taucher? Oder kostümierter Schamane? (Bild: Erich von Däniken)

am Rücken, der an das Atemgerät eines Astronauten denken lässt. Eine zweite Figur kauert am Boden. Die Szene sei ein »klassisches Beispiel für Ballspiele im alten Amerika«, lautet die nüchterne Erklärung der Archäologen.

Die Liste solcher archäologischer Ungereimtheiten ist sehr lang. Weniger bekannt ist, dass neben den großen Skulpturen eine Vielzahl von Miniaturen mit gleicher eigentümlicher Charakteristik existieren, die in Depots aufbewahrt werden, die normalerweise nicht für die Öffentlichkeit bestimmt sind. Im Jahre 2000 wurden mir im Zuge der Vorbereitung zur Ausstellung »Unsolved Mysteries« die Archive verschiedener Museen und Privatsammler geöffnet. Als besondere »Fundgrube« entpuppte sich das Museum der katholischen Universität Ecuadors in *Quito*, das sicherlich völlig unverdächtig ist, »dänikengläubig« zu sein. Und doch beherbergt gerade diese Sammlung eine Fülle von Keramikfiguren, die sich im »Astronauten-Look« präsentieren. Die Fundstücke sind meist nur wenige Zentimeter groß und aus Keramik geformt.

Der Großteil dieser nachweislich präkolumbischen Artefakte wurde in schwer zugänglichen Höhlen in Ecuador gefunden. Archäologen grübeln über ihre Bedeutung. Vermutet wird, dass sie ursprünglich »kultischen Zwecken« gedient haben könnten und mit den Mythen der lokalen Bevölkerung zusammenhängen. Bekannt ist, dass bei einigen Stämmen Südamerikas die Kopfjagd als Teil übernatürlicher und ritueller Handlung angesehen wurde. Bei den *Jivaro* in Ecuador ist die Kopfjagd bis in die sechziger Jahre des 20. Jahrhunderts praktiziert worden. Deshalb sehen manche Forscher in diesen Darstellungen Symbole für die »Kopfjagd«, andere für den »Seelengang«.

Dennoch sorgt die »Kostümierung« der Figurinen für Verwirrung. Besonders auffällig ist eine Kopfkeramik, die nicht mehr als vier Zentimeter misst. Science-Fiction-Freunde werden beim Anblick dieses kleinen Porträtkopfes mit geschlossenem Helm vielleicht an eine moderne Nachbildung ihres utopischen Romanhelden »Perry Rhodan« denken. Was aber hat ein nachweislich präkolumbisches »Marsmännchen« im Dschungel von Ecuador verloren?

Das Köpfchen wird der *La Tolita*-Kultur zugeschrieben und mit 600 v. Chr. bis 400 n. Chr. datiert. Archäologen nehmen an, dass die Keramikhersteller den »Jaguarkult« aufzeigen wollten, der bei den religiösen Anschauungen und Mythen in Mittel- und Südamerika weit verbreitet war. Demnach handelte es sich um eine »anthropomorphe Darstellung des *Jaguars*, eines übernatürlichen Zwitterwesens, halb Mensch, halb Katze«. Darstellungen solcher Jaguarverehrung finden sich in ganz Mittel- und Südamerika. Bei der militärischen Elite der Azteken in Mexiko gab es »Jaguar-Krieger«, die die Gestalt des Wappentieres imitierten, einschließ-

Links: Kuriosität aus dem Dschungel von Ecuador: Diese 2500 Jahre alte Kopfminiatur erinnert an den Weltraumhelden »Perry Rhodan«. (Bild: Bernhard Moestl)
Rechts: Vergleich zum Keramikkopf: Logo der utopischen »Perry-Rhodan«-Romanreihe. (Bild: Verlagsunion Pabel Moewig, Rastatt)

lich einer Helmmaske, aus deren Kiefer der Krieger herausblickte. Oft wurde der »Jaguargott« als Mittler zwischen der übermenschlichen und menschlich-tierischen Ebene angesehen, er hatte aber, je nach Region und Volk, verschiedene Ausformungen. Die Olmeken in Mexiko bildeten recht häufig göttliche Jaguarmenschen ab, die Maya, ebenfalls in Mexiko sowie in Guatemala, verewigten den Jaguar gelegentlich in überlebensgroßen Darstellungen aus Stuck auf den Frontseiten ihrer Pyramiden. In Ecuador wurden Pyramiden und Erdwälle in Form eines Jaguars angelegt, und die alte Hauptstadt der Inka, *Cusco* in Peru, wurde in ihren Grundrissen einem Jaguar nachempfunden. Ebenso wurden »Jaguargötter« im peruanischen *Chavín* verehrt. Wer aber war dieser mythische »Jaguar«? *Wie* entstand die Legende von

Links: Wer modellierte einst diese olmekische Tonfigur im »Astro-
nauten-Look«? Sie stammt aus der Zeit zwischen 1150 und 100
v. Chr. und war 1970 im Metropolitan Museum of Art in New York
ausgestellt. (Bild: Archiv Peter Krassa)
Rechts: Vergleichsobjekt zur Mythologie in Stein: Apollo-Astronaut
Edwin Aldrin auf dem Mond. (Bild: NASA)

dieser überirdischen Gestalt? Handelt es sich lediglich um Vorstellungen von Ahnen, Geistern und Dämonen, entstanden aus
irgendwelchen Naturmythen? Waren es metaphysische Erscheinungen? Schamanistische Glaubensvorstellungen? Oder haben
wir es doch mit einem Phänomen zu tun, das tatsächlich als Erinnerung an Besucher aus dem Kosmos aufgefasst werden könnte?

Eine der ausdrucksstärksten Statuetten, die den »Jaguargott« darstellen soll, befindet sich in Privatbesitz der Familie *Milton Arno Leof* in Mexiko-Stadt. Die Figur ist 17 Zentimeter groß, stammt aus *Xochipala* im mexikanischen Bundesstaat Guerrero und wird in eine Periode zwischen 1150 und 100 v. Chr. datiert. Die Kleinplastik trägt einen geschlossenen Helm, hat deutlich mongolide Gesichtszüge und steckt in einem enganliegenden Anzug. Ungewöhnlich sind die krallenartigen Füße. Der archäologische Aufschluss dazu lautet: »Seine eigenartigen Füße lassen vermuten, dass ein Mensch dargestellt werden sollte, der sich für bestimmte Tänze oder Zeremonien als Jaguar kostümiert hat.«

Die Bedeutung des Kultes ist damit jedoch nicht geklärt. Altertumsforscher erklären die sonderbaren Attribute als *Anthropomorphismus*, wonach das Göttliche auch Menschengestalt besitzen könne. Diese »anthropomorphe« Erscheinung wird von manchen Wissenschaftlern in der »Religionsform« des Schamanismus gesehen, der heute noch unter Naturvölkern (aber auch als »Neo-Schamanismus« in Europa) weit verbreitet ist. Priester oder Medizinmänner versetzen sich in künstliche Ekstase und begeben sich auf Seelenreise, um mit den Göttern Kontakt aufzunehmen. Diesen Trancezustand, der durch physiologische Methoden (z. B. Tanzen, Singen, Atemtechniken) erreicht wird, bezeichnet man als Transformation. Aber wer sind diese kontaktierten »Götterwesen« aus anderen Welten und Seinsebenen?

Über den Ursprung der Göttermythen südamerikanischer Völker sind wir nur lückenhaft informiert. Es sind vorwiegend mündliche Berichte einzelner Stämme sowie eine Vielzahl von archäologischen Funden, die mit der Vorstellung göttlicher Wesen in Verbindung gebracht werden. Das Himmelszelt wurde als Ort betrachtet, in dem viele überirdische Geschöpfe leben, die zum Teil die Gestalt von Tieren hatten oder merkwürdige Attribute bei der Kleidung aufweisen. Neben zahlreichen naturalistischen fin-

Prähistorische Götterfigur aus Ecuador mit Helm und Anzug (Bild: Bernhard Moestl)

den sich viele absonderliche Darstellungen, die von den meisten Archäologen als erfundene »metaphysische Lebewesen des tropischen Regenwaldes« bezeichnet werden. Eine 16 Zentimeter hohe menschenähnliche Statuette aus rotbraunem Ton wirkt durch den echsenartigen Kopf besonders bedrohlich. Doch der rechte Arm ist wie zum Gruß erhoben. Sieht man sich den Kopf genauer an, so stellt man fest, dass er eine Art Helm zu sein scheint, der im Mundbereich so etwas wie eine runde Membrane aufweist. Der Helmansatz verläuft über die Schultern in Form eines breiten kragenförmigen Verschlusses. In der linken Handfläche befindet sich ein runder Gegenstand. Er erinnert Ethnologen an eine Art *Mandala*, ein Instrument, das Schamanen bei ihrer Seelenreise als Orientierungshilfe benötigen. Auch in der rechten Hand hält die Figur ein kleines rundes Gefäß oder einen Ring. Am Rücken ist ein Ansatz erkennbar, der vermuten lässt, dass die Statuette ursprünglich an einem anderen Gegenstand befestigt war. Neuerlich stellt sich die Frage: Wer war der Fremde, der mit seiner wunderlichen Erscheinung sehr detailliert wiedergegeben wurde? Wirklich nur eine erfundene Fantasiegestalt? Was hat die

Diese 16 Zentimeter hohe Keramikfigur wirkt durch ihr fremdartiges Aussehen bedrohlich. Wunderwesen oder Prä-Astronaut? (Bild: Bernhard Moestl)

Künstler des Altertums veranlasst, solche grotesken Figuren anzufertigen?

Dem gleichen Problem begegnen wir auch im Zusammenhang mit dargestellten »Strahlenkränzen«, die bei vielen Figuren als Kopfschmuck angebracht sind. Wir finden solche Wiedergaben ebenso weltweit abgebildet auf prächtigen Felszeichnungen wie im *Tassili*-Gebirge in Algerien oder, in unseren Breiten, im norditalienischen *Val Camonica*. Die prähistorischen Hinterlassenschaften werden als »überirdische Wesen« oder »Medizinmänner in ihrer Kluft« gedeutet. In vielen Legenden rund um den Globus wird das Göttliche mit »Lichthaftigkeit«, »Strahlen« und mit einer besonderen »Aura« verbunden. In der christlichen Religion ist das der Heiligenschein, der bei Darstellungen von Engeln und Heiligen abgebildet wird und von dem positive Kräfte ausgehen sollen. Gleiches gilt für antike Kulturen und den Buddhismus. Jeder Mensch, jedes Tier besitzt, wie wir aufgrund moderner Fotografie wissen, eine solche unsichtbare Aura. Nur in wenigen Fällen ist es möglich, dass Menschen eine derartige Lichtaura unmittelbar sehen. Schamanen sollen durch Meditationsübungen dazu imstande sein, diese Ausstrahlung wahrzunehmen. Doch warum wurden mythologische »Götter« als helle, leuchtende Wesen beschrieben, die wegen des blendenden Lichtes von keinem Menschen angeschaut werden konnten? Moses musste sogar sein Antlitz verhüllen, sonst wäre er beim Anblick Gottes erblindet, erzählt die Bibel. Einige Statuetten aus dem Museo Weilbauer zeigen einen geradezu charakteristischen »Strahlenkranz« als Kopfschmuck. Welche Bedeutung er letztlich auch haben mag, er scheint die Wichtigkeit der dargestellten Person zu betonen.

Die Unsicherheit bei der eindeutigen Zuordnung etlicher Exponate führt bisweilen zu unbeholfenen Erklärungsversuchen. Eine unbekannte Götterfigur aus Ecuador etwa wird ganz offiziell unter der Rubrik »Curiosidado«, also als Kuriosität, geführt. Sie zeigt wiederum bizarre Accessoires, die an die Nachbildung eines Astronauten denken lassen. Ein Blick auf die Rückenansicht macht deutlich, dass die Figur eine Schädeldeformation aufweist. Vonseiten der Museumsdirektion wird darüber spekuliert, ob die Statuette vielleicht einen »altertümlichen Taucher« zeigt.

Besaßen die Maya bereits Tauchgeräte? Eine gewagte These, die dem mexikanischen Unterwasserarchäologen *Guillermo de Anda* von der Universidad Autonoma de Yucatan aber nicht zu utopisch erscheint. Mit einem Team der ZDF-Fernsehdokumentation »Schliemanns Erben« untersuchte er im Jahr 2006 Unterwasserhöhlen in Guatemala. Was dabei in 40 Meter Tiefe entdeckt wurde, stellt Wissenschaftler vor Rätsel: deponierte Opfergaben in Nischen, die künstlich aus dem Gestein herausgeschlagen wurden. Die Untersuchung ergab, dass der Ort bereits vor 2000 Jahren unter Wasser gelegen hat. Das ist ein Problem, denn die Taucher benötigten eine halbe Stunde, um mit modernen Geräten zur Unterwasserkathedrale zu gelangen. Wie schafften die Maya das? Irgendwie mussten sie ja hingekommen sein – und wieder zurück. Unbekannte Tauchgeräte in Altamerika?

Bronzezeitliches Felsbild aus Val Camonica in Norditalien (Bild: Reinhard Habeck)

Wenn schon Taucher mit moderner Ausrüstung für möglich erachtet werden, die angeblich im Altertum auf Meeresexpedition gingen, warum sollte dann nicht ebenso die Möglichkeit kosmischer Besucher in Betracht gezogen werden? Fremdartige Wesen, die mit feuerglänzenden Gefährten vom Himmel kamen, geflügelte Schlangen und Kreaturen, halb Mensch, halb Tier, werden schließlich in allen Mythologien der Völker anschaulich beschrieben. Von prähistorischen »Tauchern« wird meines Wissens nirgendwo berichtet.

Wo liegt der Ursprung jener Legenden, die von himmlischen Besuchern sprechen? Die Meinung der Gelehrten darüber ist geteilt, ebenso unklar ist beim Mythos die Abgrenzung zwischen geschichtlicher Tatsache und erfundener Geschichte. Wie aber verhält es sich mit jenen Überlieferungen, die eine Bestätigung in archäologischen Funden erkennen lassen? Denken wir nur an den griechischen Mythos von Troja. *Heinrich Schliemann (1822–*

1890) verwendete Homers »Ilias« und »Odyssee« als geschichtliche Quellen und bewies Ende des 19. Jahrhunderts der Fachwelt, dass es *Troja* tatsächlich gegeben hat. Warum also sollten nicht auch andere, bisher von den Altertumsforschern vernachlässigte Überlieferungen einen wahren Ursprung besitzen?

Die *Machinguenga*-Indianer im peruanischen Dschungel zum Beispiel erzählen von »Menschen im Himmel, die auf einer strahlenden Himmelsstraße auf die Erde kamen«. Könnte es sein, dass sich solche Legenden auf erlebte Begebenheiten frühzeitlicher Kontakte zwischen Menschen und »Himmelswesen« beziehen? Sind abnorm wirkende Götterfiguren in Anzügen, Helmen und Strahlenkränzen doch Erinnerungen an Besucher aus dem Kosmos?

Diese Frage stellte ich auch dem italienischen Museumsdirektor und Felskunstexperten *Ausilio Priuli*. Er führte mich vor einigen Jahren zu interessanten Fundstellen im Val Camonica, die behelmte Wesen mit »Strahlenkränzen« zeigen. Die aufgeschlossene Antwort des Archäologen imponierte mir: »Ich halte es für wahrscheinlich, dass es sich um Schamanen oder um Darstellungen mythologischer Wesen handelt. Nach meinem Wissensstand kann ich aber nicht ausschließen, dass die Abbilder Geschöpfe zeigen, die vielleicht von weit her aus dem Weltall zur Erde kamen. Eines scheint mir jedoch gewiss: Wenn in der Vorzeit tatsächlich extraterrestrische Besucher gelandet sein sollten, dann können wir davon ausgehen, dass der prähistorische Mensch diese Wesen nicht als ›Außerirdische‹ angesehen hätte, so wie wir es heute tun würden. Wir haben das Wissen, um von ›Außerirdischen‹ sprechen zu können. Der Mensch der Frühzeit wohl kaum. Er hätte die Fremden als ›höhere Wesen‹ verehrt.«

Haben Erich von Däniken und andere »Götterforscher« etwas anderes behauptet?

Das Nomoli-Rätsel

»In der Wissenschaft gleichen wir alle nur Kindern,
die am Rande des Wissens hie und da Kiesel aufheben,
während sich der weite Ozean des Unbekannten
vor unseren Augen erstreckt.«
SIR ISAAC NEWTON (1643–1727)

Mysteriöse Hinterlassenschaften einer unbekannten Vorzeit-Kultur

Fundorte: Im Gebiet der westafrikanischen Volksgruppen Mende und Kono, Republik Sierra Leone, sowie im westlichen Teil von Liberia und den von Kissis bewohnten Teilen Guineas.

Besonderheit: 10 bis 40 Zentimeter hohe Steinfiguren, die im Erdreich entdeckt wurden. Wer hat sie vergraben? Und wozu? Sie stellen Menschen oder aus Mensch und Tier zusammengesetzte fantastische Wesen dar – Nomoli genannt. Die Mende weisen ihnen übernatürliche Herkunft und magische Kräfte zu. Wer die Plastiken geschaffen hat, ist unklar. Eine Röntgenaufnahme offenbarte im Inneren des ältesten Artefakts einen Hohlraum, der aufgebrochen wurde. Heraus fiel eine kleine Metallkugel. Wie kam sie dort hinein? Ebenso mysteriös ist das Auffinden blauer Steine, sogenannter Skystones, die mit dem Mythos verbunden sind.

Alter: Da die prähistorische Zeit in dieser Region noch weitgehend unerforscht ist, gibt es große Differenzen bei der Datierung. Einig sind sich Ethnologen darüber, dass die Statuen etliche hundert Jahre alt sein müssen. Für ein weit höheres Alter spricht, dass bei Grabungen nach Diamanten Figuren noch in 50 Meter Tiefe zum Vorschein kamen. Dies würde auf ein sagenhaftes Alter von 2500 bis 17000 Jahren schließen lassen.

Aufbewahrung: Sammlung Angelo Pitoni, Rieti, Italien. Ferner im British Museum in London, im Musée de l'Homme (seit 2006 zusammengelegt mit der ethnologischen Abteilung des Musée du quai Branly) in Paris und im Museum der Kulturen in Basel, Schweiz, sowie in der Privatsammlung Adriano Forgione, Rom.

Afrika mit seiner ungeheuren Vielzahl an Kulturen hat ein reiches Erbe an Mythen und Legenden. Im täglichen Leben und in den Stammesreligionen spielen sie eine bedeutende Rolle. Hierzulande kennt man sie kaum. Die mythologischen Wurzeln des »Schwarzen Kontinents« sind bisher nur unzureichend erfasst oder untersucht worden – kein Wunder bei rund 2000 Sprachen. Erschwert wird die historische Quellenforschung durch fehlende Schriftzeugnisse. Nur ein Bruchteil des Sagenschatzes wurde niedergeschrieben. Wie vor Jahrtausenden werden heute noch Legenden *mündlich* von Generation zu Generation weitergegeben. Zu Ehren der Ahnen halten Stammesgruppen religiöse Feste ab. Sie tun das in vielfältiger Weise mit traditioneller Handwerkskunst, Sitten und Gebräuchen oder durch magische Beschwörungen.

Ein »lebendiger« Mythos, der mündlich formuliert Jahrhunderte überdauerte, führt uns in die westafrikanische Republik Sierra Leone. Trotz des Reichtums an Rohstoffen ist die ehemalige britische Kolonie mit rund fünf Millionen Einwohnern ein bitterarmes Land. Die Lebenserwartung liegt bei nur 39 Jahren. Nach einem Jahrzehnt blutigen Bürgerkriegs ist das Land mit seinem Wiederaufbau beschäftigt. Von den vielen ethnischen Stämmen in der Region zählen die *Mende* zur größten Volksgruppe. Es sind muslimische Sunniten, deren kulturelle und sprachliche Heimat im Westsudan vermutet wird. Von dort sollen sie vor Jahrhunderten ins heutige Sierra Leona eingewandert sein und sich mit der regionalen Bevölkerung vermischt haben.

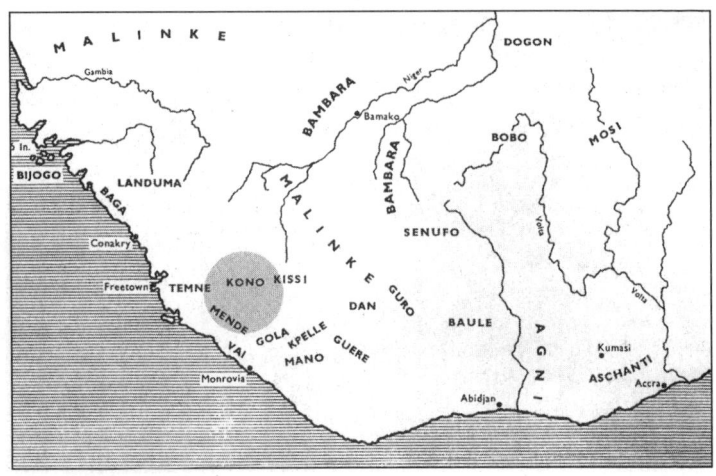

Übersicht der Stammesgruppen in Westafrika. Aus dem Gebiet der Mende, Kono und Kissi stammen die meisten Nomoli-Steinfunde. (Bild: Reinhard Habeck)

Die Stammesfürsten der Mende wissen von einem mythischen »Engelsvolk«, das vor Urzeiten in Ungnade gefallen sei, weil es gesündigt habe. Diese himmlischen Wesen wollten alle Genüsse des Lebens, ohne dafür zu arbeiten. Es waren Herrscher, die unzufriedener wurden und nach immer mehr Macht strebten. Irgendwann sei dann dem allmächtigen Schöpfer der Geduldsfaden gerissen. Erzürnt habe Allah die Engel in Steine verwandelt und zur Erde verbannt. Der Mythos berichtet weiter, dass der »Himmel«, den diese Wesen bewohnten, ebenfalls zu Stein erstarrte und in Trümmern auf die Erde fiel. Sogar die Sterne, die sich in diesem »Himmel« befanden, sollen im göttlichen Zorn zerstört worden sein. Überreste davon seien die Diamanten, die nun auf der Erde leuchten und glitzern wie die Sterne am Nachthimmel. So jedenfalls weiß es die alte Überlieferung. Ein fantastisches, aber letztlich frei erfundenes Volksmärchen?

Charakteristik der Nomoli-Figuren: hockende Körperhaltung und hervorstechende Augen. Wer hat die Statuetten wann und wozu geschaffen? (Bild: Reinhard Habeck)

Was dabei stutzig macht: Einheimische Bauern stießen beim Umpflügen ihrer Äcker tatsächlich immer wieder auf eine Menge rätselhafter Figuren, die mit dieser Geschichte verknüpft werden. Die Charakteristik der aufgefundenen Skulpturen zeigt keine Gemeinsamkeit mit dem Mende-Stil: Häufig sind es sitzende Wesen, die das Kinn mit ihren Händen stützen. Ihre Gesichter haben eine stark betonte Adlernase mit weit geöffneten Nasenlöchern, einen großen Mund, der vereinzelte Zähne zeigt, sowie besonders hervorstehende Augen und einen platten Schädel. Sie sind aus unterschiedlichen Materialien gefertigt: Sandstein, Speckstein oder Granit.

Den Kunstwerken wird eine übernatürliche Bedeutung beigemessen. Einige Stämme entwickelten daraus einen Vegetationskult. Nicht immer mit Ehrfurcht: Fällt die Ernte schlecht aus, kann es schon vorkommen, dass die zu Stein erstarrten Zwerge mit rituel-

*Prähistorische Nomoli-Figur, ge-
funden im Erdreich der westafrikanischen Republik Sierra Leone.
Welche unbekannte Kultur hat sie
hinterlassen? (Bild: Reinhard Habeck)*

ler Auspeitschung büßen müssen. Dennoch werden sie als Schutz-
götter der Felder verehrt und finden bei magischen Praktiken Verwendung. Die Mende nennen diese merkwürdigen Steinwesen
Nomoli, nach anderer Lesart *Nomori*.

Auffallend: Der Gleichklang des Namens Nomoli mit *Nommo*
aus dem nördlich gelegenen Mali. Dort sind die Dogon beheimatet, die seit Jahrhunderten ein erstaunliches astronomisches Wissen über den mit bloßem Auge nicht sichtbaren Begleiter des 8,6
Lichtjahre von der Erde entfernten Sirius besitzen. Die Angaben
stimmen mit den Berechnungen moderner Astronomen überein.
Erst im Jahr 1970 konnte Sirius B fotografiert werden. Die Dogon
behaupten, sie hätten ihre Kenntnisse von Lehrmeistern aus dem
Kosmos erhalten, den amphibienartigen Nommos. In Gedenken
an die Visite aus dem All finden zu bestimmten Zeiten feierliche
Zeremonien statt, wobei die Herabkunft der Nommo-Arche im

traditionellen Maskentanz imitiert wird. Woher die Dogon ihr detailliertes Wissen über das Universum und Besucher vom Sirius erworben haben, ist bis heute ein Rätsel.

Der Schöpfungsmythos der Mende und anderer westafrikanischer Völker ähnelt jenem der Dogon. Ein urzeitlicher Kulturheros soll mit einer Barke von »oben« herabgestiegen und in der Nähe des Berges *Kouroula* zum Stehen gekommen sein. Dem Himmelsschiff, so heißt es weiter, seien Gott *Faro* und die ersten acht Menschen, vier Männer und vier Frauen, entstiegen. Ob die Nomoli-Figuren mit diesem Mythos in Beziehung gebracht werden können, bleibt ungewiss. Einige »Menschen in Stein« sind als Grabbeigabe in Hügelgräbern gefunden worden. Arbeiter stießen bei der Suche nach Diamanten ebenfalls überraschend auf diese eigenartigen Plastiken.

Ein Großteil der Funde befindet sich heute im Besitz der Stammeshäuptlinge. Einzelne Exemplare lassen sich in den afrikanischen Schauräumen bekannter europäischer Völkerkundemuseen aufspüren. Hin und wieder taucht ein Nomoli am Trödlermarkt auf, oft unscheinbar plaziert zwischen Kunst und Krempel. Am belebten Flohmarkt in Berlin habe ich einen entdeckt. Ob steinalt oder nachgemacht, ist schwer zu beurteilen. Selbst Fachexperten sind sich uneins und haben bei der Altersbestimmung ihre Mühe. Exemplare aus jüngster Vergangenheit gibt es bestimmt. Nachbildungen, die am Kunstmarkt angeboten werden, wohl auch. Woher aber stammen die echten Nomolis? Wie alt sind sie wirklich?

Zur Beurteilung eines authentischen Objektes können stilistische Merkmale hilfreich sein. Doch bei der afrikanischen Kunst ist das Verständnis unzureichend. Einerseits wegen ihrer Vielfalt, andererseits weil sich die Spurensuche in unerforschter Ahnenzeit verliert. Dazu lesen wir auf der Webseite des British Museums, das im Besitz von Nomoli-Exponaten ist: »Wissenschaftler sind zu

Detail einer Nomoli-Figur mit fremdartiger Mimik. (Bild: Reinhard Habeck)

dem Schluss gekommen, dass die Steinfiguren wahrscheinlich von den Vorfahren der Kissi-Völker, jetzt im besiedelten Gebiet der Mende, entstanden sind.« Wie wahrscheinlich ist diese Wahrscheinlichkeit? *Tom Phillips* von der Royal Academy vermutet, die versteinerten Geheimnisse »stammen erst aus dem 17. Jahrhundert«, um im gleichen Atemzug zu beteuern, dass es »allerdings sehr schwierig ist, den Zweck ihrer Herstellung und ihr wahres Alter mit Sicherheit festzustellen«. Anders ausgedrückt, die Figuren könnten wesentlich älter sein.

Das Museo d'Arte e Scienza in *Mailand* wollte es genauer wissen und hat sich auf mikroskopische und makrofotografische Untersuchungen spezialisiert, um Falsches von Echtem zu unterscheiden. Neben umstrittenen Kunstwerken verschiedenster Materialien sind ebenso Nomoli-Figuren unter die Lupe genommen worden. »Skulpturen, die Kalk enthalten oder aus Sandstein geformt

Wer schuf die 150 Meter hohe »Königin in Stein«? (Bild: Angelo Pitoni)

sind, bilden einen idealen Sitz für Flechten oder Reste von Wurzeln aller Art. Diese können verkohlen oder versteinern, bleiben jedoch unter dem Vergrößerungsglas stets als solche erkennbar und lassen Rückschlüsse auf das Alter zu«, heißt es im Laborbefund des Museums. Für die Nomoli-Funde gilt: »Einige könnten über 500 Jahre alt sein, aber manche auch 1000 Jahre oder noch mehr. Für andere Steinfiguren Afrikas liegen nur wenige Studien vor. Ab und zu werden interessante Objekte gefunden. Nur selten ist es möglich zu erahnen, was diese darstellen.«

Bei näherer Betrachtung wird offenkundig: Die afrikanische Geschichtsforschung ist recht unterschiedlich gestaltet und weist grobe Lücken auf. Während etwa in Ägypten die schriftlichen Quellen 5000 Jahre zurückreichen, gibt es aus Zentral-, Süd- und Westafrika so gut wie keine Quellen, die älter als 1000 Jahre sind. Die frühesten Aufzeichnungen über Westafrika stammen von arabischen Autoren des 8. Jahrhunderts n. Chr. Und was die späteren Notizen der Missionare anbelangt: Sie spiegeln oft mehr die damalige europäische Auffassung von Moral wider und weniger die ursächliche Bedeutung afrikanischer Mythologie. Für die meisten Historiker endet dieses Quellenstudium im 15. Jahrhundert, als 1440 der erste Europäer, der portugiesische Seefahrer *Gil Eanes*, die Küste Sierra Leones erreichte. 22 Jahre später benannte sein Landsmann *Pedro da Cintra* die Gegend »Sierra Lyoa«, was übersetzt für »Löwengebirge« steht. Damit begann ein grausames Kapitel der Menschheitsgeschichte: das Geschäft mit dem Sklavenhandel. Bis Ende des 18. Jahrhunderts musste die notleidende Bevölkerung dieses traurige Schicksal erdulden.

Die Europäer haben ihre Spuren am »Schwarzen Kontinent« hinterlassen. Ruhmreich sind diese nicht. In Westafrika existierte vor der Einwanderungswelle der Mende und anderer Völker das Königreich der *Bullom*, das ins 11. Jahrhundert zurückreicht. Und was war früher, Jahrtausende zuvor? Die prähistorische Zeit der Region in und um Sierra Leone ist weitgehend unerforscht. Menschenleer war die Gegend aber keineswegs, Kulturen muss es schon damals gegeben haben. Knochen, Werkzeuge und Stein-relikte wurden an verschiedenen Orten gefunden. Archäologen weisen ihnen ein Alter zwischen 7000 und 14000 Jahren zu. Dazu passt ein Steinmysterium nördlich von *Conakry*, der Hauptstadt von Guinea, zwischen den Republiken Sierra Leone und Mali. In dem schwer zugänglichen Gebiet befindet sich eine Felswand mit einem etwa 150 Meter hohen Flachrelief. Es ist keine Laune der Natur, sondern zeigt einen Frauenkopf mit Torso, der von irgendjemand mühsam aus dem Granit herausgehauen wurde. Für die Bevölkerung ist das gigantische Bildwerk die »Königin von Mali«. Ihre Entstehungszeit führt zurück in eine vorzeitliche Epoche.

Noch ein aktueller Sensationsfund wirft die Geschichte über den Haufen: *Eric Huysecom* vom Département d'anthropologie et d'écologie der Universität *Genf* hat in Zentralmali die älteste Keramik weltweit entdeckt. Was zunächst weder der Professor selbst, geschweige denn seine Kollegen glauben wollten, konnte durch naturwissenschaftliche Datierung bewiesen werden: Die gefundenen Keramikgefäße aus *Ounjougou* wurden vor mindestens 11400 Jahren gebrannt! Findet der Nomoli-Mythos hier ebenfalls seinen Ausgang?

Ein Forscher, der sich dieser Frage seit Jahren widmet, ist der italienische Professor *Angelo Pitoni*. Er ist Geologe und war vor Jahren als Regierungsbeauftragter in Sierra Leone beschäftigt, um beim Abbau von Diamanten deren Qualität festzustellen. Bei Grabungen in der östlichen Provinz *Kono* stießen Pitoni und seine Mitarbeiter selbst auf einige Nomoli-Figuren. Der Geologe sammelte an den Fundorten organische Proben, darunter den Rest eines Holzstabes. Er lag neben einer Steinfigur einen Meter unter der Erde vergraben. Im Jahr 1992 wurde das Stück mit der C-14-Datierungsmethode an der Universität in *Rom* analysiert. Professor *Giorgio Belluomini* leitete damals die Untersuchung und fiel aus allen Wolken: Das Relikt musste 2470 Jahre alt sein!

 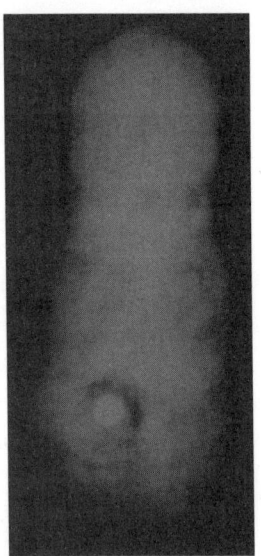

Links: Diese kleinere Steinfigur ist die ungewöhnlichste und älteste: Sie kam bei Grabungen in 50 Meter Tiefe zum Vorschein. Im Inneren fand man eine Metallkugel. (Bild: Bernhard Moestl)
Rechts: Die Röntgenaufnahme zeigt die Metallkugel im Hohlraum der Statue. (Bild: Angelo Pitoni)

Die hohe Altersdatierung wirbelt die Geschichtsforschung ordentlich durcheinander. Freigelegte Steinfiguren aus tiefen geologischen Schichten könnten bis zu 10000 Jahre alt sein. Auffallend dabei: Die tiefer liegenden und damit älteren Statuen weisen grobe Bearbeitungsspuren auf. Funde aus höheren Erdschichten sind hingegen feiner und detailreicher hergestellt worden, obwohl sie das gleiche Motiv zeigen.

Die ungewöhnlichste Figur ist zugleich die älteste. Mutmaßliches Alter aufgrund des Erdprofils: unglaubliche 17000 Jahre! Beim Auffinden stellte man ein klapperndes Geräusch fest, sobald man die Figur bewegte. Pitoni beschloss eine Röntgenaufnahme des

Wiener Schottenstift, Wien 2001: Eine Metallkugel, die im Inneren eines Nomoli gefunden wurde, entfernte sich über Nacht wie von Geisterhand. (Bild: Reinhard Habeck)

Mysterypark, Interlaken 2004: Die Statue mit der Metallkugel sorgte neuerlich für Unruhe, als sie ohne Anlass umkippte. (Bild: Reinhard Habeck)

Objektes anzufertigen. Das Ergebnis erstaunte den Forscher: Das Innere der etwa 20 Zentimeter hohen Gestalt zeigte einen Hohlraum mit einer erbsengroßen *Metallkugel*. Außerdem offenbarte die Durchleuchtung eine halbrunde Bruchstelle, die von außen nicht ersichtlich war. Vorsichtig wurde an dieser Stelle eine Öffnung herausgebrochen, und das kleine Unikat rollte heraus. Die Materialbestimmung ergab, dass die Kugel aus einer Mischung von Chrom und Stahl besteht.

Wer um alles in der Welt sollte vor Urzeiten imstande gewesen sein, Chromstahl herzustellen? Niemand, sagen Archäologen. Skeptiker sehen sich daher veranlasst anzunehmen, das Objekt sei ein Teil eines Kugellagers, das erst zu einem viel späteren Zeitpunkt in die Statue gelangte. Augen- und Ohrenzeugen schwören jedoch, dass die bei einer Diamantenmine in 50 Meter Tiefe aufgefundene Statuette bereits bei ihrer Entdeckung »Klimpergeräusche« von sich gegeben hat. Die kurz darauf entstandene Röntgenaufnahme stützt die Behauptung, dass die Metallkugel tatsächlich bereits *vor* dem Auffinden in dem Artefakt eingeschlossen war. Wie sie allerdings dort hineinkam, bleibt ebenso unbegreiflich wie die Frage nach ihrer Bedeutung.

Magische Kräfte? Daran dachten wohl auch einige Besucher der »Unsolved Mysteries«-Ausstellung in Wien. Im Jahr 2001 war das Schaustück mit der kleinen Kugel hinter einer dicht verschlossenen Vitrine zu bestaunen. Eines Tages stellten Aufseher fest, dass sich das Objekt – scheinbar über Nacht und offenbar selbständig – etwa 30 Zentimeter vom ursprünglichen Standort entfernt hatte. Wie es zu dieser »geisterhaften Wanderschaft« gekommen war, konnte nie aufgeklärt werden. Als die Ausstellung 2004 in Interlaken in der Schweiz gezeigt wurde, gab es in der Nomoli-Vitrine neuerlich Alarm: Dieselbe Figur, wiederum verschlossen hinter Sicherheitsglas, kippte diesmal als einziges Stück ohne ersichtlichen Grund auf die Seite. Sie blieb dabei völlig unbeschädigt. Die Ursache für den »Umfaller« konnte nicht eruiert werden. Beide Vorfälle sind mit Fotos dokumentiert.

Die Herkunft künstlicher »Skystones« ist ungeklärt. Ein alter Mythos behauptet, es seien Teile des »Himmels«, die vor Urzeiten zur Erde stürzten. (Bild: Bernhard Moestl)

Nicht nur Nomoli-Figuren schaffen Probleme. Für Unruhe sorgen in derselben Weise blaue Gesteinsbrocken, die von der Bevölkerung *»Skystones«* genannt werden. Sie sollen gemäß dem Mythos der Mende Teile jenes »Himmels« sein, der einst von den Nomolis bewohnt war. Bruchstücke dieses »explodierten und zu Stein erstarrten Himmels« könne man noch in der Nähe der Hauptstadt *Freetown* entdecken, erfuhr Angelo Pitoni von einem Stammeshäuptling. Der Geologe war skeptisch, aber doch neugierig genug, um vor Ort mit einheimischen Arbeitern Grabungen durchzuführen. In der Folge stieß Pitoni tatsächlich auf eine größere Menge blauer Steine. Sie enthielten weiße Adern, die der Überlieferung nach »zerdrückte Wolken des versteinerten Himmels« darstellen sollen. Proben davon sind an Instituten und Universitäten in Genf, Rom und Wien mittels Röntgenstrahlung

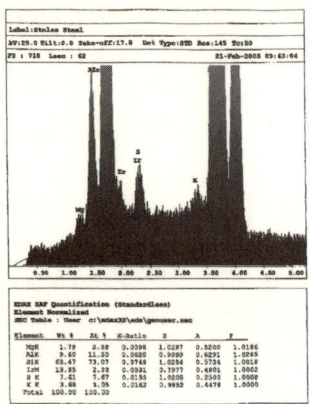

Bei der »Skystone«-Analyse fanden italienische Wissenschaftler Spurenelemente von Iridium, das auf der Erde nur in Zusammenhang mit einem Meteoritenaufprall vorkommt. (Bild: Adriano Forgione)

analysiert worden. Mit einem interessanten Ergebnis: Die Steine sind keine natürlichen, sondern *künstlich* geschaffene Produkte! Mineralogen nehmen an, dass gebrannter Kalk mit blauer organischer Farbe eingefärbt und mit Wasser vermischt wurde.

Wie aber kommen große Mengen dieses blauen Materials ins tiefe Erdreich? Experten am Institut der Mineralien- und Edelsteinsammlung des Kunsthistorischen Museums in *Wien* haben einen Verdacht: Die Steine könnten durch eine *Fehlproduktion* entstanden sein. Kalkgruben wurden vielleicht absichtlich oder durch einen Erdrutsch zugeschüttet. Dort blieben die Steine dann Jahrzehnte verborgen, ehe sie bei Grabungen wieder entdeckt wurden, lautet kurz gefasst die These der Wissenschaftler. Vergleichsfunde zu den »Himmelssteinen« sind allerdings nirgendwo bekannt. Niemand kann sagen, wer diese Kunstprodukte geschaffen haben könnte. Die Herstellungszeit liegt ebenso im Dunkeln.

Im März 2003 sorgten Untersuchungen an der Universität in *Rom* aufs Neue für Fassungslosigkeit. Mit einem Elektronenmikroskop und einer Spektralanalyse wurden Untersuchungen an Nomoli-Figuren und den »Skystones« vorgenommen. Dabei wurden Spuren von *Iridium* festgestellt! In einem Probestück war die

Konzentration mit Messwerten von fast 14 Prozent erstaunlich hoch. Bemerkenswert ist die Erkenntnis deshalb, weil Iridium üblicherweise nicht auf der Erde vorkommt, lediglich in geologischen Erdschichten bzw. Kratern, die mit einem Meteoritenaufprall in Zusammenhang stehen.

Ein beweiskräftiger Beleg dafür, dass entsprechend der alten Legende einst wirklich versteinerte Objekte vom Himmel fielen? Widersprüchlich bleibt die Aussage, wonach die »Skystones« einerseits mit Asteroiden aus dem All in Verbindung gebracht werden, andererseits aber künstliche Relikte sein sollen. *Künstliche* Meteoriten? Seltsam. UFO-Gläubige werden das Szenario bestimmt mit einer gewaltigen Explosion eines fremden Raumschiffs zu erklären versuchen, dessen Teile einst vom Himmel stürzten. Hingegen dürften Zweifler die fantastische Geschichte wohl eher ins Reich der Utopie verbannen. Was stimmt? Wer kennt das wahre Geheimnis, das den Mythos von den »Himmelssteinen« und ihren Wächtern, den Nomolis, entstehen ließ?

Die rätselhaften Zeugnisse der Sierra Leone sind keine Fiktion, aber sie schweigen beharrlich. Was würden uns die »Menschen in Stein« erzählen, wenn sie sprechen könnten?

Der Runenstein von Kensington

»Denken Sie an Christoph Columbus.
Er wusste nicht, wohin die Reise ging.
Er wusste nicht, wo er war, als er dort war.
Und als er zurückkam, wusste er nicht,
wo er gewesen war –
und das alles mit geborgtem Geld!«

Unbekannter Verfasser

Studie belegt:
»Amerikanisches Wikinger-Denkmal
aus dem Mittelalter ist doch echt!«

Fundort: Entdeckt im November 1898 von dem schwedischen Einwanderer und Farmer Olof Ohman im ländlichen Kensington, nordwestlich von Minneapolis, Minnesota, USA.

Besonderheit: Graue Steinplatte aus Granit, 91 Zentimeter hoch, 38 Zentimeter breit, 15 Zentimeter tief. Gewicht: 101 Kilogramm. Auf der Fläche und auf einer Kante befindet sich eine Inschrift, verfasst in Runen aus 220 Buchstaben. Beschrieben wird eine Expedition von dreißig Norwegern und Schweden, die mit ihrem Schiff von Skandinavien nach Westen reisten.

Alter: Auf dem Stein ist das Datum 1362 eingraviert. Damit wäre bewiesen, dass Europäer im 14. Jahrhundert bis tief nach Minnesota vorgedrungen waren, 130 Jahre vor Kolumbus. Die Echtheit des Runensteins hat die Wissenschaft mehr als hundert Jahre bestritten. Man hielt ihn für eine plumpe Fälschung aus dem 19. Jahrhundert. Eine aktuelle Untersuchung legt neue Fakten vor, die den Betrugsverdacht widerlegen. Demnach ist das umstrittene Dokument doch authentisch.

Aufbewahrung: Kensington Runestone Museum, Alexandria, Minnesota, USA. Weitere aufgefundene Steine mit Runenschrift befinden sich im Maine State Museum in Augusta, in der Early Sites Research

Society, Missouri, und in der alten Handelsstation Aptucxet Trading Post, Massachusetts.

Rückblick anno 1492: Auf den Decks der drei Schiffe Santa Maria, Pinta und Nina gingen die Kapitäne nervös auf und ab. Gebannt starrte man dabei immer wieder zum westlichen Horizont. Gegen 22 Uhr erblickte *Christoph Kolumbus* in der Ferne einen schwachen Lichtschein, »wie eine kleine Kerzenflamme, die auf und nieder gelassen wurde«. Woher das gespenstische Licht kam, blieb unklar. Es verschwand und tauchte nicht wieder auf. Falscher Alarm, dachte die Besatzung. Die Erregung darüber legte sich bald, und die Schiffe segelten weiter unter dem Sternenhimmel, Stunde um Stunde. Dann, um 2 Uhr morgens des 12. Oktober, große Aufregung an Deck der Pinta: Der Seemann *Rodrigo de Triana* schrie begeistert: »Tierra! Tierra!« Was da im fahlen Mondlicht wie weiße Sanddünen schimmerte, das war tatsächlich Land. Aber nicht wie Kolumbus annahm, ein Teil Hinterindiens, sondern eine der Bahamainseln, die von der Südspitze Floridas aus in breitem Bogen über das Meer verstreut liegen. Seither trägt der italienische Admiral den – nur aus europäischer Sicht – ruhmreichen Titel »Entdecker der Neuen Welt«. Zu Unrecht! Kolumbus kam zu spät in Amerika an. Viele Seefahrer aus früheren Zeiten hatten bereits *vor* ihm amerikanischen Boden betreten.
Von den sicher belegten Entdeckungsfahrten sind jene der *Wikinger* das bekannteste Beispiel. Die Grönland-Saga berichtet, dass *Bjarne Herjúlfsson* 986 auf der Fahrt von Island nach Grönland vom Kurs abgekommen ist. Als der Abenteurer von seiner unfreiwilligen Odyssee wieder heimkehrte, erzählte er von einem gesichteten Land »im Westen mit bewaldeten Hügeln«. Eine Erkundung gelang ihm nicht. Das glückte erst *Leif Eriksson*, der um das Jahr 1000 mit seiner Mannschaft von der Südwestküste Grönlands aufbrach, um dieser Erzählung zu folgen. Er fand die ge-

suchte Region und nannte sie *Vinland*. Linguisten sind sich über die Bedeutung des Namens uneins. »Weinland« oder »Weidenland« soll die deutsche Übersetzung lauten. Dieses Vinland wird in den Aufzeichnungen sehr detailliert beschrieben. So lesen wir, dass Eriksson sein Segelboot zwischen den Inseln vor der Küste und einem Kap hindurchsteuerte, das sich zum nahe gelegenen Festland in nördlicher Richtung in die See hinausstreckte. Der Wikinger ging mit seiner Gefolgschaft an Land und baute feste Häuser zum Überwintern. Im nächsten Frühjahr segelte Eriksson nach Grönland zurück. Dann machten sich andere verwegene Nordmänner neuerlich auf die Seereise. Einer von ihnen, der Vinland erreichte, war Leifs Bruder *Thorvald*, starb aber im Kampf mit Ureinwohnern, die von den Wikingern »Skrälinge« (Fremdlinge) genannt wurden. Thorvalds Nachfolger indessen lebten in dem neuen Land und kehrten erst Jahre später nach Skandinavien zurück.

Die meisten Historiker sind überzeugt davon, dass Leifs Vinland geografisch mit *Neufundland* an der Nordostküste Nordamerikas gleichzusetzen ist. 1961 entdeckten die Norweger *Helge* und *Anne-Stine Ingstad* bei *L'Anse aux Meadows* im Norden der Insel Überreste einer Siedlung, die inzwischen zweifelsfrei den Wikingern zugeordnet werden konnten. Die entdeckten Gegenstände sind altnordisch und nachweislich über 1000 Jahre alt. Es sind die einzigen Wikinger-Funde in Nordamerika, die von der Wissenschaft anerkannt werden.

Sind die weißen Nordmänner auf ihren Erkundungstouren nach Süden und ins Landesinnere noch viel weiter vorgedrungen? Darüber streiten Gelehrte seit Jahrzehnten. Ruinen, Münzen, Steininschriften und andere Zeugnisse, die man den Wikingern zuschreiben könnte, gibt es durchaus. Sie werden aber von Geschichtsforschern ignoriert oder wie im Fall des *Runensteins von Kensington* als mutmaßliche Fälschung erklärt. So etwas kann

Der Runenstein von Kensington aus Minnesota sorgt für rauchende Köpfe. Eine neue Studie belegt: Er könnte tatsächlich ein Wikinger-Denkmal aus vorkolumbischer Zeit sein. (Bild: Kensington Runestone Museum, Alexandria)

schnell passieren, bevorzugt dann, wenn etwas Ungewöhnliches an einem völlig falschen Ort aufgestöbert wird. Dem Farmer *Olof Ohman*, einem schwedischen Auswanderer, der in Minnesota seine neue Heimat fand, ist es 1898 mit seiner Entdeckung so ergangen. Beim Abholzen einer alten Pappel bemerkte er ein flaches Steinrelikt, das in der Erde von Wurzeln des eben gefällten Baumes umschlungen war. Der Bauer legte die Stelle frei, und zum Vorschein kam ein wuchtiger Stein mit sonderbaren Gravuren. Ohman verstand nicht, was dieser Felsbrocken auf seinem Grundstück zu bedeuten hatte, und versuchte auch später nie, Profit daraus zu ziehen. Weder sein Sohn noch seine Nachbarn konnten die Symbole auf ihm deuten. Ohman übergab die Felsplatte dem Bankier des Ortes, der Schriftkopien an die Universität von Minnesota in *Saint Paul* schickte. Dort gelang es Professor *Olaus J. Breda*, einem Fachmann für skandinavische Kultur, den Text fast vollständig zu entziffern. Nur einige Zeichen blieben unverständlich, konnten aber nachträglich als Ziffern identifiziert werden. Die Übersetzung des Runentextes lautet: »*Wir, 8 Gotländer und 22 Nordmänner, befinden uns auf einer Entdeckungsreise weit westlich von Vinland. Wir hatten ein Lager bei einem See mit zwei*

Inseln, ungefähr einen Tagesmarsch nördlich von diesem Stein.
Eines Tages gingen wir fischen. Als wir zurückkamen, fanden wir
10 unserer Männer blutüberströmt und tot. Ave Maria, erlöse uns
von dem Bösen! Wir haben 10 von unserer Mannschaft am Meer,
um unsere Schiffe zu bewachen, 14 Tagesreisen von dieser Stelle.
Im Jahre des Herrn 1362.«

Mit dem Hinweis »Vinland« könnte die inzwischen bestätigte
Wikingersiedlung in Neufundland gemeint gewesen sein. Und
die erwähnten »Gotländer« kamen von der schwedischen Insel
Gotland. Bis auf »Entdeckungsreise« sind alle Wörter authentisch, meinen Runenexperten. Noch etwas ist bemerkenswert:
Der Wasserspiegel war vor 600 Jahren in Minnesota höher und
verwandelte die Hügelkuppe bei Kensington zu »Inseln«. Genau
das wird im Runentext beschrieben. Dennoch hatten Fachleute
bereits 1899 fast einstimmig die Inschrift als Fälschung verwor-
fen. Freilich, ein Runenstein, der nicht in Skandinavien entdeckt
wurde, sondern auf amerikanischem Boden, muss damals wie
heute Zweifel hervorrufen. Davon aber abgesehen: Welche plau-
siblen Gründe wurden für die übereilte Abwertung angeführt?
Wissenschaftler meinten zwei Unmöglichkeiten entdeckt zu haben: Vor allem die Sprache der Inschrift machte stutzig. Sie ist
eine Mischung aus schwedischen und norwegischen Wörtern, ergänzt mit lateinischen Buchstaben. Außerdem seien die Rede-
wendungen für eine Expedition aus dem 14. Jahrhundert viel zu
modern verfasst worden, urteilten Sprachforscher.
Die gemischte Schiffsmannschaft war den Gelehrten ebenfalls
suspekt. Sie widersprach allen Berichten norwegischer Expeditionen, wonach immer nur Norweger daran teilgenommen hatten.
Heute wissen wir es besser, es gab gemischte Seefahrten. 1899
war dies noch nicht bekannt, und der Entdecker Olof Ohman
geriet deshalb selbst ins Fadenkreuz der Kritik, obwohl er zeit
seines Lebens gelobte, den Stein wie beschrieben gefunden zu

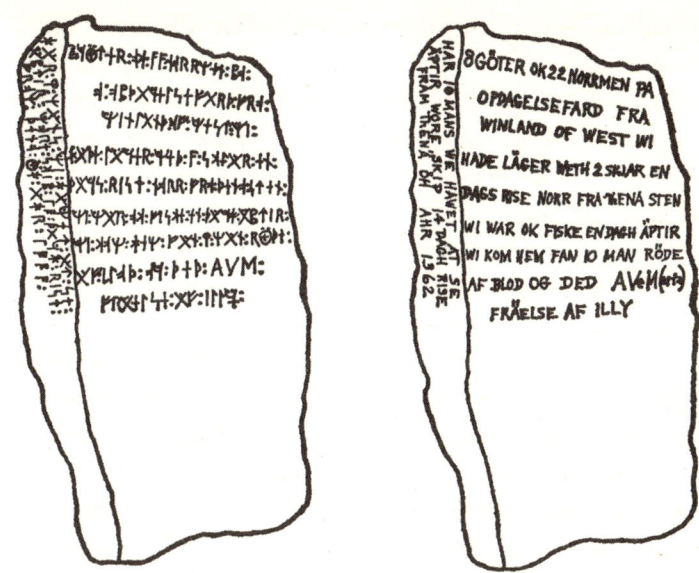

Kensington-Runenstein, rechts die Übersetzung ins Altnordische.
(Bild: Reinhard Habeck)

haben. Die Ehrenworte blieben ungehört. Als schwedischer Immigrant war er der Obrigkeit sofort verdächtig. Mehr noch: Man bezichtigte den Bauern des Betruges. Ohman selbst oder Steinmetze in seinem Auftrag hätten wohl die Runen in den Stein gemeißelt. Einmal als Schwindler angeprangert, ist dieses Etikett schwer wieder loszuwerden. Die Vorwürfe ließen den Farmer zu einem verbitterten Mann werden. Der Stein selbst als historisch bedeutungslos abqualifiziert, wurde vom Eigentümer fortan als Türschwelle für seine Scheune benutzt.

Zum Glück hatte Ohman das Relikt mit den Inschriften nach unten eingegraben. So konnte der Runenforscher *Hjamar R. Holand* (1872–1963) den Stein mit unversehrter Inschrift einige Jahre später für ein paar Dollar erwerben. Jahrzehntelang bemühte er sich, die Echtheit zu beweisen. Holand wies darauf hin, dass die Inschrift große technische Meisterschaft verrät: »Die Linienführung ist sicher, und die Buchstaben sind gleichmäßig in ihrer Größe.« Auffällige Merkmale, die eine beträchtliche Geschicklichkeit und Übung voraussetzen. Davon war auch der britische Autor *Robert Furneaux* überzeugt. Er schrieb ergänzend: »Dass eine Inschrift aus dem Jahre 1362 Unterschiede in der Schrift und die Verwendung lateinischer Buchstaben aufweist, ist natürlich; denn um diese Zeit wurde in Skandinavien das Runenalphabet von dem lateinischen abgelöst. Wenn also ein Fälscher am Werke gewesen ist, so muss dieser in einem Maße mit den Feinheiten der Runenwissenschaft vertraut gewesen sein, das die Möglichkeiten von irgendjemandem, der in den neunziger Jahren des 19. Jahrhunderts außerhalb Skandinaviens lebte, weit überschritt.«

Die drei auf dem Stein gravierten lateinischen Buchstaben »A. V. M.«, denen das Gebet »Erlöse uns von dem Bösen« folgt, übersetzte Holand mit »Ave Virgo Maria«. Derartige Bittgebete an die Gottesmutter Maria waren im 14. Jahrhundert durchaus üblich. Um das zu wissen, musste der moderne Fälscher wiederum ein linguistischer Fachmann gewesen sein. Und selbst der Einwand mancher Spezialisten, die Inschrift enthalte viele grammatikalische Fehler, ist nicht zwingend ein Beweis für eine Fälschung. Ebenso gut könnten sie als Indiz für die Echtheit des Kensington-Steines angeführt werden, denn: Der Inhalt besagt, dass der Text in aller Eile von Überlebenden eines Blutbads verfasst worden war, also nicht von hochgebildeten Akademikern, sondern von einfachen Seeleuten.

Skeptiker überzeugen solche Argumente freilich nicht. Die These, dass Kulturkontakte nach Amerika lange vor Kolumbus stattgefunden haben, ist nach wie vor für viele Wissenschaftler schwer zu glauben. Immerhin: In Alexandria in Minnesota bekam der Kensington-Stein sein eigenes Museum, und die Debatten über seine Entstehung sind nie verstummt. Im Jahr 2003 flog der Koloss erstmals ins Land seiner vermutlichen Urväter, wo er im Historischen Museum in *Stockholm* drei Monate lang ausgestellt war. Bereits zwei Jahre zuvor konnte das umstrittene Stück im Rahmen der »Unsolved Mysteries«-Schau in *Wien* bestaunt werden. Da dem Runenstein aber der Betrugsvorwurf anhaftete, nahmen Medien kaum Notiz von seiner Überseereise. Schabernack vor über 100 Jahren? So sicher sind sich die Forscher heute nicht mehr.

Nur wenige Historiker, die das Unikat seinerzeit als Fälschung ausgelegt hatten, nahmen ihre Analysen direkt am Stein vor. Die Hauptstudien konzentrierten sich meist auf die Schreibweise der Runenzeichen und deren Sprache. Kürzlich hatten amerikanische und skandinavische Forscher das Streitobjekt nochmals genauer ins Visier genommen. Dabei entdeckte der Geologe *Scott F. Wolter* interessante Details, die bisher bei der Beurteilung vernachlässigt worden waren. Er verglich die Verwitterungsspuren an den Kerben des Steines mit Grabsteinen des 19. Jahrhunderts. Dabei stellte er fest, dass der Stein von Kensington wesentlich länger den Naturkräften ausgesetzt gewesen sein musste als bisher angenommen.

Eine exakte Datierung ist dennoch schwierig. Frühere Versuche, die Schrift zu reinigen und Gipsabdrücke zu gießen, haben ihr nicht gutgetan. Für Zweifler Grund genug zur Annahme, dass auf diese Weise Spuren einer modernen Bearbeitung verfälscht oder vertuscht werden sollten. Doch Wolters mikroskopisch genaue Analyse belegt, dass sich unter den modernen Kratzern eingeritzte Originalrunen befinden. Sie müssen aufgrund vorhandener Oxidationsrückstände Jahrhunderte älter sein. »Sollte der Entdecker Olof Ohman tatsächlich den Stein bearbeitet haben«, so Wolters, »dann hätte er Mineralisierungen in den geritzten Runen, und zwar nachdem die Runen angebracht worden waren und

Glimmer-Abtragungen an der Bruchseite des Steines erzeugen müssen, um jenen Effekt zu erzielen, wie er sich nun unter dem Elektronenmikroskop darstellt«.

Und die Texte? Sind sie wirklich alt? Skeptiker hatten immer beharrlich begründet, die Inschrift könne deshalb nicht authentisch sein, weil sie einzelne Zeichen und Formulierungen enthält, die im Mittelalter »unmöglich« gebräuchlich waren. Der Runenforscher *Richard Nielson*, ein Ingenieur der texanischen Ölindustrie aus Houston, gab sich mit dieser »Entlarvung« nicht zufrieden. Er durchforstete Archive und Chroniken mehrerer Bibliotheken. Das mühsame Quellenstudium war nicht umsonst. Nach jahrelanger Suche stieß Nielson auf alte schwedische Manuskripte aus der Entstehungszeit der Runenschrift von Kensington. Ihr Inhalt enthüllte Sensationelles: Etliche Buchstaben, von denen Sprachforscher mit Sicherheit angenommen hatten, dass sie nie als Rune erschienen waren! Das Gleiche bei Zahlen. So dachte man bisher, 19 wäre die höchste. Auf dem Runenstein ist aber die Zahl 22 vermerkt, folglich musste das Ding eine moderne Fälschung sein. So jedenfalls dachten Schriftexperten, aber sie irrten! Nielson kann Runen aus dem 14. Jahrhundert vorweisen, die bis zur Zahl 26 gehen. Seine Studie, die seit 2005 in Amerika auch als Buch vorliegt, weist zudem akribisch nach, dass die auf dem Stein verewigten Runen in einem *altschwedischen* Dialekt verfasst worden sind.

Alle neu gefundenen Zeichen erwiesen sich seither als echt. Zur Zeit der Entdeckung konnte das aber weder Ohman noch den Fachwissenschaftlern bekannt gewesen sein. Erst im Laufe des 20. Jahrhunderts wurden sämtliche altschwedischen Wörter identifiziert. Ein Zeichen wurde im Jahre 1914 übersetzt und zwei andere erst 1962. Acht der Wörter auf dem Stein erwiesen sich als modernes Schwedisch. Was die Sachverständigen bisher ebenfalls nicht wussten: Die verwendeten Symbole wurden bereits im 14. Jahrhundert in Dänemark, Westschweden und skurrilerweise

Einer von vier entdeckten Spirit-Pond-Steinen, die 1971 im Natio-
nalpark des amerikanischen Bundesstaates Maine entdeckt wur-
den. Haben frühgeschichtliche Seefahrer aus Skandinavien diese
runenartigen Gravuren hinterlassen? (Bild: Bernhard Moestl)

in den tirolerischen Alpen benutzt, wie alte Dokumente belegen.
Wie aber sollte der vermeintliche Betrüger Olof Ohman von diesen Worten gewusst haben? Das können auch die Vertreter der
Fälscher-These, darunter Historiker des Smithsonian Institute in
Washington D. C., nicht erklären.
Die neuen Erkenntnisse lassen manche Streitobjekte zur Entdeckung Amerikas in einem besseren Licht erscheinen. Früher ab-
gelehnte Funde, die auf Wikinger-Kontakte hinwiesen, wären es
wert, weiter untersucht zu werden. Etwa die *Spirit-Pond-Steine*
aus dem äußersten Nordosten der USA. Im Mai 1971 wurden sie
am Ufer des »Geisterteichs« in Maine entdeckt. Drei Stücke tragen
Markierungen, die als skandinavische Runenzeichen entziffert
werden konnten. Sie sollen um das Jahr 1200 entstanden sein. Für
einige Jahre waren die Funde im Schifffahrtsmuseum in *Bath* aus-

Der Bourne-Stein von Cape Cod in Massachusetts. Bedeutungsloses Gekritzel? Historische Wikinger-Chronik? Oder gar ein Dokument der Phönizier? (Bild: Historical Society Museum, Bourne)

gestellt und sorgten dort für heftige Kontroversen. Heute werden sie im Nationalmuseum des Bundesstaates Maine in *Augusta* aufbewahrt. Neugierige Besucher bekommen die Stücke allerdings nicht zu Gesicht. Da die strenge Museumsleitung ihre Echtheit anzweifelt, werden die irregulären Steinbrocken im Depot versteckt. Ein vierter Spirit-Pond-Stein mit ähnlichen Einkerbungen befindet sich im Besitz der Early Sites Research Society in *Missouri*.

Andere Steine mit runenartigen Gravuren können hingegen problemlos besichtigt werden, darunter eine ungewöhnliche Granitplatte nordöstlich von New York. Sie wird *Bourne-Stein* genannt und war im Fundament eines Hauses der Wampanoag-Indianer auf der Halbinsel *Cape Cod* im Südosten von Massachusetts eingebaut. Solche Gebäude sind von holländischen Pilgervätern errichtet worden, die mindestens seit 1627 in der Region Handel betrieben. In den 1920er Jahren wanderte das Relikt ins kleine Museum der alten Handelsstation *Aptucxet Trading Post*, nahe der Stadt *Plymouth*. Auf dem ebenen Stein sind in zwei Reihen schwer deutbare Zeichen eingraviert. Archäologen bemühten sich um eine Entzifferung und fanden heraus, dass die erste Zeile aus indianischen Totemzeichen besteht. Häuptlinge ritzten solche Symbole meist nach Abschluss von Verträgen mit Siedlern in einen Stein. Runologen sagen, die Zeichen in der zweiten Zeile könnten Wikinger-Runen aus dem 11. Jahrhundert sein. Abgesehen von den ersten drei Buchstaben: Diese werden wie auf dem Stein von Kensington als lateinische Gravuren AVM gelesen – *Ave Virgo Maria*.

Die Existenz dieses Bourne-Steines kann bis in die Anfänge des 17. Jahrhunderts nachgewiesen werden. Welcher Fälscher sollte damals Interesse daran gehabt haben, einen Runenstein herzustellen, um die einstige Präsenz von Wikingern zu beweisen? Was noch für die Echtheit spricht: Die Steinplatte ist nahezu unbekannt geblieben. Schwindler hätten wohl für mehr Aufsehen gesorgt. Kolumbus als Amerika-Entdecker ist schon lange entthront. Aber waren die Wikinger wirklich die Ersten?

Für Aufregung sorgte in den 1970er Jahren die These des amerikanischen Professors *Cyrus H. Gorden* (1908–2001). Der Experte für altsemitische Sprachen behauptete, dass den antiken Völkern der amerikanische Kontinent seit Tausenden von Jahren bekannt war, und hielt die Runen auf dem Bourne-Stein für eine Chronik der antiken *Phönizier*. Frühgeschichtlicher Kulturaustausch zwischen den Weltmeeren? Eine Möglichkeit, die viele regelwidrige Funde, etwa Coca-Blätter in ägyptischen Mumien oder Abbildungen von Mais in indischen Tempeln, erklären könnte. Kurios, dass ein moderner »Wikinger« mit seinen geglückten Expeditionen das erwiesen hat – der Norweger *Thor Heyerdhal* (1914–2002). Die Beweise liegen nebeneinander im Kon-Tiki-Museum in *Oslo* und können dort bewundert werden: das Papyrusboot Ra II und das Balsafloß Kon-Tiki.

Den irischen Schriftsteller *Oscar Wilde* (1854–1900) brauchte man auf diese Weise nicht überzeugen. Der wusste bereits viele Jahrzehnte früher: »Natürlich ist Amerika schon vor Kolumbus entdeckt worden; und zwar oft. Es wurde nur immer vertuscht!«

Die Chronik des Chonsumes

»Gäbe es keinen Gott, so müsste man ihn erfinden.«
VOLTAIRE ALIAS FRANÇOIS MARIE AROUET (1694–1778)

Imaginäre Symbole oder die altägyptische Darstellung einer Zellteilung?

Fundort: Der französische Anwalt Bernardino Drovetti (1776–1852), besser bekannt als Generalkonsul von Napoleon Bonaparte, erwarb im Jahr 1825 das kostbare Stück für das Wiener Kunsthistorische Museum.

Besonderheit: Beschrifteter und bemalter Totenpapyrus, 410 Zentimeter lang, 15,5 Zentimeter hoch. Chonsumes, Chefarchivar und Aufseher im Amuntempel von Karnak, hat ihn für sich anfertigen lassen. Nach ägyptologischer Auffassung werden das Erscheinen vor dem Totengericht und der Übergang in die Unterwelt geschildert. Ein Abschnitt zeigt Details, die den biologischen Prozess einer Zellteilung erstaunlich genau wiedergeben. Genforschung im Altertum oder nur ein kurioser Zufall?

Alter: 21. Dynastie, um 1000 v. Chr.

Aufbewahrung: Kunsthistorisches Museum, Wien, Österreich, wo der Papyrus unter der Inv.-Nr. 3859 in der Ägyptisch-Orientalischen Sammlung ausgestellt ist; ein anderes »Totenbuch«, es gehörte der Gemahlin von Chonsumes, enthält das gleiche Bilddokument. Es liegt in der französischen Nationalbibliothek in Paris.

Der Mensch ist von Natur aus nicht sehr einfach gestrickt. Er ist ein kompliziertes Wunderwerk, das aus 100 Billionen Körperzellen besteht. In jeder dieser Zellen ist das vollständige *Genom*, das heißt der *komplette* menschliche Bauplan, gespeichert. Für die Erbsubstanz im Zellkern erfanden Mikrobiologen den Namen *Desoxyribonukleinsäure*. Ein fürchterlicher Zungenbrecher, der schon beim Schreiben weh tut. Wir vergessen ihn und geben uns mit der Abkürzung DNA zufrieden. Dieser Erbfaktor liegt als langer gewundener Faden, DNA-Doppelhelix genannt, in den Zellen. Rollt man ihn auf, sieht er wie eine Wendeltreppe aus, die sich aus vier biochemischen Bausteinen, den sogenannten *Basen*, in unterschiedlichen Kombinationen zusammensetzt. Rund drei Milliarden davon gibt es. Der »Treppenwitz« dabei: Der Aufbau funktioniert wie ein Geheimcode. Jede Stufe besitzt »Buchstaben«. Je nachdem, welche Stufen nacheinander folgen, ergeben sich daraus »Wörter«. So ist der Bauplan des Lebens mit einer riesigen Bibliothek vergleichbar. Einzelne Abschnitte der DNA enthalten die Träger von Erbinformationen – die *Gene*. Bei der »Krone der Schöpfung« sind das rund 100 000, die im Buchstabengewirr der Doppelhelix verstreut liegen. Letztlich besitzen aber alle Lebewesen, vom winzigen Bakterium bis zum riesigen Blauwal, diese Träger von Erbanlagen, deren Information bei der Fortpflanzung wie auch bei der Zellteilung übertragen wird. Im einzelnen Gen sind wiederum verschlüsselte Daten enthalten, die bestimmte Merkmale eines Organismus festlegen. Zum Beispiel wie jemand aussieht, also ob wir es mit einer Seegurke, einem Schimpansen oder einem Menschen zu tun haben.

Seit 2003 ist der menschliche Gencode geknackt. Erstmals hatten Forscher die Abfolge der Erbgutbausteine im menschlichen Genom entschlüsselt. Wir kennen nun das »Alphabet« im »Buch des Lebens« und können »Wörter« lesen. Doch den kompletten Inhalt verstehen wir deshalb noch lange nicht. Welche Aufgaben haben die einzelnen Gene? Wann, warum und wie werden sie aktiviert? Wissenschaftler in aller Welt konnten das bisher nur bei einem winzigen Bruchteil beantworten. Eine neue Studie zeigt, dass die Sache viel komplexer ist als bisher gedacht. Noch vor kurzem nahmen Biochemiker nämlich an, dass ein Großteil des Erbmaterials aus funktionslosem »Füllmaterial« besteht. Eine Fehleinschätzung, wie Wissenschaftler des Projekts ENCODE (= *ENC*yclopedia *Of* *D*NA *E*lements), an dem 35 Organisationen mitarbeiten, überraschend erkennen mussten: Abschnitte, die man bislang als unnützen »Datenmüll« interpretiert hatte, entpuppten sich als wichtige Schaltzentralen.

Das menschliche Erbgut mit seinen vielen ungeahnten Rätseln wird Forscher noch lange beschäftigen. Im Idealfall erfüllt sich bald ein alter Menschheitstraum: das Heilen schwerer Krankheiten durch gezielten Austausch von defekten Genen in unserer Erbsubstanz. Wenn der Fortschritt in der Biotechnologie Menschen zu einem gesünderen und längeren Leben verhelfen kann, wäre das in der Tat ein Segen. Aber mit der Entschlüsselung der Erbsubstanz sind weiß Gott nicht alle Fragen beantwortet. Streng genommen beginnen sie damit erst: Was geschieht mit unseren genetischen Informationen? Sind die Ergebnisse aller Laborversuche öffentlich bekannt? Oder wird brisantes Wissen von multinationalen Großkonzernen aus wirtschaftlichem Interesse bewusst zurückgehalten? Wann wird es die ersten Menschen auf Bestellung geben? Wer schützt arglose Bürger vor Missbrauch? An welchen biologischen Geheimwaffen basteln Militärs bereits fieberhaft? Was geschieht, wenn bedeutende Gen-Technologien kriminellen Organisationen oder wahnsinnigen Diktatoren in die Hände fallen?

Fehlentwicklungen sind vorprogrammiert. Wohin führt der künstliche Eingriff ins Erbgut? Schon jetzt hat die Genforschung bizarre, bisher unbekannte Lebensformen hervorgebracht: vierbeinige Hühner, durchsichtige Frösche, leuchtende Katzen oder grüne Schweine. Der Mensch schlüpft vermehrt in die Rolle des Schöpfergottes, tauscht artfremde Gene beliebig aus, um so Eigenschaften von einem Lebewesen auf ein anderes zu übertragen. Dabei kann alles Mögliche erschaffen werden, je nachdem welche und wie viele Gene von Organismen ausgetauscht werden. Wie weit dürfen wir dabei gehen? Wann werden die Grenzen der Ethik überschritten?

Die Verlockung für »Zauberlehrlinge« ist groß, durch Kombination von Erbgut einfach mal zu schauen, was dabei herauskommt. Auch die Verschmelzung von pflanzlichen, tierischen und menschlichen Genen wird praktiziert. Alles zum Wohle der Menschheit, versichern Experten. Krankheiten könnten damit besser untersucht, neue Therapiemöglichkeiten erforscht oder Organe zum Verpflanzen gewonnen werden. Inzwischen gibt es Patente für die Herstellungsmethoden von Mensch-Tier-Wesen, und Wissenschaftler demonstrierten, dass menschliche Stammzellen sich problemlos in die Gehirne von Mäusen integrieren lassen.

Noch ist es Fantasy, aber irgendwann wird die Utopie von der Wirklichkeit eingeholt worden sein, und mutierte Superwesen werden die Erde bevölkern. Der britische Physiker *Stephen Hawking* ist überzeugt, dass schon im nächsten Jahrhundert durch gezielte Gen-Veränderungen ein »neuer Mensch, der völlig anders aussieht als heute«, erschaffen wird. »Viele Leute meinen, dass Gen-Experimente an Menschen verboten gehören«, erklärte der prominente Forscher. »Ich meine, dass sie nicht verhindert werden können.«

Wie viele vaterlose Kreaturen bereits heute in unserer Welt existieren, lässt sich nicht beziffern. Die Anzahl ist unüberschaubar geworden, seitdem eine Forschergruppe in den 1980er Jahren mit der *Schiege* begonnen hatte. Das Mischwesen entstand durch künstliche Fusion eines *Schaf*embryos mit einem *Ziegen*embryo. In dem Hybridwesen ist das Erbgut beider Geschöpfe enthalten. Bei Mutter Natur hätten die zwei Tierarten nicht das dringende

Assyrische und babylonische Reliefs dokumentieren Mischwesen aus Mensch und Tier. Sie werden an der kurzen Leine gehalten. Wozu, wenn es gemäß der Lehrmeinung nur Ausgeburten der Fantasie waren? (Bild: Erich von Däniken)

Bedürfnis einer Paarung verspürt. Im Reagenzglas war das dagegen nicht zu verhindern.

Chimären, Mischwesen, Mutanten? Das kennen wir doch bereits! Die Mythen der Völker sind voll von Erzählungen über solche fantastische Wunderwesen. Da ist die Rede von tierköpfigen Göttergestalten, monströsen Ungeheuern, wollüstigen Satyrn oder bösartigen Zentauren. Ihr fremdartiges Aussehen wird in praktisch allen Kulturkreisen ausführlich beschrieben. Abbildungen und Skulpturen sind ebenso zahlreich vorhanden, ob nun im Kleinformat auf sumerischen Rollsiegeln, lebensgroß auf persischen Tempelwänden oder als gigantischer Wächter vor der Cheops-Pyramide. Was war die Veranlassung für diesen seltsamen

Kult? Womöglich wahre Begebenheiten? Wiederholt sich mit der modernen Genforschung eine uralte Geschichte?

»Absoluter Unsinn!« Da sind sich Archäologen, Anthropologen und Theologen einig. Für sie ist der Fall klar: Die Menschen der Frühzeit haben lediglich ihre Ängste und Fantasien in »anthropomorphe Mischwesen« hineinprojiziert. Alles bloß erfundene Monster, dämonische Geistwesen und märchenhafte Fabeln? Für etliche mythologische Texte und Illustrationen mag das bestimmt zutreffen, aber müssen deshalb pauschal sämtliche Berichte über Mischwesen der Einbildungskraft entsprungen sein? »Wenn es sie gegeben hat, die Löwenmenschen, Adlerlöwen und andere kaum vorstellbare Lebensformen, dann war ihre Zahl gering, und sie werden sich kaum vermehrt haben«, schreibt der Schweizer Lexikonautor *Ulrich Dopatka*. »Der Schrecken jedoch, der von ihnen ausging, blieb im Gedächtnis der Völker haften.«

Auf assyrischen und babylonischen Reliefs sind die biologischen »Verrücktheiten« besonders lebensecht wiedergegeben: Wärter führen erbärmliche Geschöpfe – halb Tier, halb Mensch – wie Haustiere an der Leine. Wozu, wenn es doch nur Trugbilder sind? Die berühmte Schminkpalette von König *Narmer* (um 3000 v. Chr.) im ägyptischen Museum in *Kairo* zeigt ein ähnliches Motiv: Männer halten zwei merkwürdige Kreaturen mit Seilen fest. Für die Ägyptologie sind es Fabelwesen, die wegen ihrer langen Hälse als »Schlangenhalspanther« bezeichnet werden. Was damit wirklich gemeint war, wissen die Fachgelehrten nicht. Die Idee, das Bildnis zeige die »Stilisierung von Himmelsträgertieren«, ist originell, aber nicht unbedingt überzeugend. Der Titel »Himmelsträgertier« ist eine Erfindung der Altertumsforscher. Mischwesen aus Genlabors existierten hingegen sehr wohl. Aber vor Jahrtausenden? Das scheint unvorstellbar. Und doch gibt es deutliche Belege für das Unfassbare. Wir können sie finden, wenn wir sie finden wollen.

Eine heiße Spur führt zu den altägyptischen *Totentexten*, die auch als »Totenbücher« bezeichnet werden. Es sind Papyrusrollen unterschiedlicher Länge, die dem Verstorbenen mit ins Grab gegeben wurden, sei es eingewickelt in die Binden der Mumie oder auf den Sarg gelegt. Ihr Inhalt besteht aus einer unübersichtlichen Fülle an kryptischen Sprüchen und verworrenen Symbolen. Vermutlich hatten selbst Eingeweihte um 1000 v. Chr. bereits Mühe mit ihrer ursprünglichen Sinngebung. Die Chroniken sind eine Weiterentwicklung der *Sargtexte*, die sich wiederum auf die älteren *Pyramidentexte* und die leibliche Auferstehung des Gottes *Osiris* beziehen. Für das einfache Volk muss diese Geheimlehre ein großes Mirakel gewesen sein. Und heute? Trotz Übersetzungen sind die »Totenbücher« der Wissenschaft immer noch in vielen Bereichen unerschlossen. In Bild und Text wird die Fahrt in die Unterwelt geschildert, das Erscheinen vor dem Totengericht und die Wiederauferstehung. »Zaubersprüche« sollen dafür Hilfestellung geben und gute Ratschläge liefern. Etwa wenn es heißt, dass der Wiederauferstandene nach seiner Transformation in einer großen Halle im Anblick der Götter verweilen wird. Er werde dabei »verklärt« sein und die Ewigkeit durchwandern »im Lobe Gottes, der in ihm ist und sein Herz nicht mehr verlässt«. Beschirmt wird der Jenseitsreisende von geheimnisvollen Kräften, seiner geistigen Macht »Ba« und von seiner bewahrenden Lebensenergie »Ka«. In früherer Zeit galt dieser Ausdruck der männlichen Zeugungskraft. Mit den Totentexten sollte der Seele in Zukunft ermöglicht werden, »alle Gestalten anzunehmen, die sie wünscht«.

Für den deutschen Kulturhistoriker *Emil Nack* ist diese Mythologie »übersinnlich, unbegreiflich, fantastisch-nebelhaft, verschwommen, nie mit dem Verstand zu fassen«. So liest sich auch die Erklärung der Ägyptologie, für die Totenpapyri nichts weiter sind als eine ungeordnete Sammlung von irrealen »Zaubersprüchen« und »magischen Formeln«. Aber was heißt das? Einem

Nichtfachmann werden Mozarts Musiknoten, komplizierte Algebra oder die »Computersprache« der Programmierer genauso »unwirklich« erscheinen. Wieso können wir sicher sein, dass in den magisch wirkenden Totentexten in Wahrheit nicht ebenfalls ein fortschrittlicher Wissensschatz enthalten ist? Weil es das schlicht und einfach nicht geben kann, betonen die Ägyptologen. Doch beim Studium des Totenpapyrus des *Chonsumes* werden selbst zweifelnde Geister stutzig.

Das Dokument ist im Kunsthistorischen Museum in *Wien* ausgestellt und zeigt verblüffende Details biochemischer Vorgänge! Besonders deutlich bei einer Abbildung, die einer *Zellkernteilung* (Mitose) gleicht. Mit diesem biologischen Prozess wird das Wachstum und die Fortpflanzung aller Lebewesen gewährleistet. Mit der Zellteilung entstehen zwei Zellen aus einer alten, wobei das Erbgut der Tochterzellen identisch ist mit der Mutterzelle. Auf dem Papyrus ist genau das dargestellt: Zwei Frauen halten Gefäße in den Händen und versorgen die groß abgebildete Eizelle mit Flüssigkeit. Innerhalb dieser Zelle sind die Anfänge der Tochterzellen zu erkennen, die mit punktierten Linien miteinander verbunden sind. Sie gleichen grafisch korrekt gezeichneten Spindelfäden während der Metaphase. Ein Biologiebuch der Gegenwart könnte den Vorgang kaum besser illustrieren. Am inneren Rand der Mutterzelle sind noch weitere Einzelheiten erkennbar: Links und rechts je vier männliche Figuren beim »Erdhacken«. Dieser alte Ritus wird auch von Ägyptologen mit »Befruchtung« und »neu entstehendem Leben« in Verbindung gebracht. Was dabei auffällt: Alle Männer präsentieren ihr »bestes Stück« in erigierter Pose. Ein weiteres Indiz dafür, dass mit der Szene nicht »irgendein imaginäres Symbol für fruchtbares Ackerland«, sondern ein menschlicher Befruchtungs- und »Lebenserzeugnis«vorgang aufgezeigt werden sollte. Das gleiche

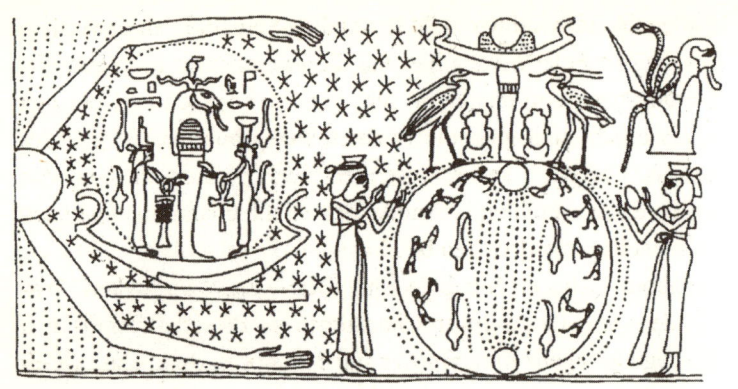

*Das Bildmotiv der »Zellteilung« findet sich ebenso auf der Papy-
rusrolle der Gemahlin des Chonsumes in Paris: Eine Eizelle wird
von zwei Frauen mit Flüssigkeit versorgt. Im Inneren sind die Anfänge von Tochterzellen und Spindelfäden erkennbar. (Bild: Nationalbibliothek, Paris)*

Bildmotiv, das an eine Zellteilung erinnert, findet sich übrigens
auf einer in *Paris* aufbewahrten Papyrusrolle der holden Gemahlin von Chonsumes.

Präzise Darstellungen biologischer Vorgänge? Ägyptologen sehen das naturgemäß ganz anders. Für sie zeigt die betreffende
Papyrusstelle lediglich den »Kreislauf der Sonne«. Aber weshalb
wird das Zentralgestirn mit Flüssigkeit versorgt? Und warum befinden sich *innerhalb* der Sonne zwei weitere Sonnen, die sich
gegenseitig Sonnenstrahlen zusenden? Logisch ist das nicht. Die
Kunsthistorikerin *Lucia Gunz* glaubt dennoch den Grund dafür zu
kennen: »Nochmals erscheint im Bild der ewige Kreislauf der
Sonne, nun in Verein mit dem Wirken der Himmelsgöttin Nut.
Als südliche Nut und als nördliche Nut in zwei weiblichen Gestalten gießt sie aus Krügen die blaue Himmelsflut über den großen Kreis, der den Tagesablauf der Sonne Re symbolisiert.«

Einleuchtend? Und wie steht es um die »Spindelfäden« zwischen den beiden Polen? Auch hier hat die Wissenschaftlerin eine Erklärung parat und ergänzt in sehr blumiger Sprache: »Über den Kreis erhebt sich groß die Sonnenscheibe aus den Bergen des Ostens. Der Kreis selbst umschließt zwei Sonnenscheiben, von denen Sonnenstrahlen in neunfacher Strahlenbahn von Ost nach West weben, die Erde belebend.«

Symbole, nichts als Symbole, ohne Bezug zur Wirklichkeit? Was würde wohl der Archivar Chonsumes zu dieser theatralischen Auslegung sagen? Immerhin, er stand im hohen Rang eines Chefbibliothekars und Vorsteher der Handwerkerschaft im Tempel des Schöpfer- und Fruchtbarkeitsgottes *Amun*. Chonsumes war ein kluger Kopf, er muss sich etwas dabei gedacht haben, als er seinen aufwendig gestalteten, über vier Meter langen Totenpapyrus in Auftrag gegeben hat. Ist sein eigentlicher Sinn über die Jahrtausende verlorengegangen? Davon ist der deutsche Informatiker *Dieter Vogel* fest überzeugt, nachdem er den Totentext inhaltlich mit dem Wissen unserer Tage verglichen hatte: »In meinen Augen handelt es sich bei den Darstellungen um eine verschlüsselte Anweisung, mit der Verstorbene wiederbelebt werden können.« Diese These muss für die Zunft der Ägyptologen abenteuerlich erscheinen, doch Vogel weiß, wovon er spricht. Er ist Gründer des in Italien beheimateten »Instituts für angewandte Kabbalistik« und Entdecker des »mikrobiologischen Verfahrens zur genetischen Rekonstruktion von menschlichen Organen unter Verwendung von körpereigenen Zellen und der darin enthaltenen Erbinformationen«. Zusammen mit *Nicolas Benzin* und *Jens Trostner* hat der Forscher diese Methode im Jahr 2000 beim Europäischen Patentamt in München angemeldet.

Dieter Vogel hält es für möglich, dass die Hohepriester im alten Ägypten bereits über Kenntnisse des *Klonens* verfügt haben. Damit ist die Produktion *identischer* Lebewesen mittels biotechnischer Methoden gemeint. Das ist bei Menschen, Tieren und Pflanzen möglich. Das Schaf *Dolly* war 1996 das erste geklonte Säugetier der Welt. Erbmaterial eines erwachsenen Tieres wurde in die entkernte, unbefruchtete Eizelle eines zweiten Tieres eingepflanzt und von einem dritten Tier ausgetragen. Das so geschaffene Tier ist identisch mit seinem Genspender. Dolly starb im Jahr 2003, wurde fachmännisch präpariert und ist seither im Royal Museum of Scotland in *Edinburgh* zu besichtigen. Heikler ist der Sachverhalt beim Klonen von *Menschen*. In Voraussicht dessen, was da auf uns zukommen könnte, ist seither eine eindringliche Diskussion über Klongesetze entfacht. Sollte der geschätzte Leser in naher Zukunft sich selbst auf der Straße begegnen, bleibt die Gewissheit, dass die Kontrollen versagt haben.

Aber wer weiß, vielleicht ist alles schon einmal dagewesen? »Der älteste Klon-Fall könnte im altägyptischen Auferstehungsmythos um Gott Osiris beschrieben sein«, vermutet Dieter Vogel. »Osiris wurde nach der Ermordung durch seinen Bruder Seth wiederbelebt, indem die Göttin Isis die Leichenteile ihres Bruders und Gatten eingesammelt und daraus den Körper des neuen Osiris nachgeformt hatte. Anschließend zeugte sie mit ihm ihren Sohn Horus.« Das ist nicht der einzige Hinweis auf mögliches Vorzeit-Klonen. Die besonderen Eigenschaften des Schöpfer- und Geburtsgottes *Chnum* sind nicht weniger verdächtig. Im Vermächtnis der Chonsumes-Papyri wird er als widderköpfiger Mann mit *doppelt gedrehtem* Gehörn dargestellt. Chnum hatte die Beinamen »Herr des zukünftigen Lebens«, »Bildner, der belebt« sowie »Vater der Väter und Mutter der Mütter«. Der Mythos erzählt, er habe »auf einer Töpferscheibe den Körper von Kindern geformt« und anschließend ihren »Samen in den Leib der Mutter« gelegt. Mit dem zu gebärenden Kinde wurde zugleich dessen Lebenskraft »Ka« gebildet. Sie sollte den Menschen als eine Art *Doppelgänger* begleiten, starb dieser, lebte das Double weiter.

Der Schöpfergott Chnum formt auf der Töpferscheibe den Leib eines Kindes und einen Art Doppelgänger gleich dazu. Die Geburtsgöttin Heket reicht die Hieroglyphe des Lebens. Klonen im Altertum? (Bild: Reinhard Habeck)

Wollte auch der Bibliothekar Chonsumes sich und seine Familie vor dem ewigen Tod retten? Hat er deshalb den Totentext anfertigen lassen? Hoffte er, später wieder zum Leben erweckt zu werden, dann, wenn die medizinischen Möglichkeiten es erlauben? »Wir wissen es nicht«, bekennt Dieter Vogel, »aber alles deutet darauf hin, dass diese zugegeben fantastische Interpretation des Papyrus den Tatsachen entspricht!«

Das antike Schriftstück des Chonsumes enthält tatsächlich viele Übereinstimmungen, die mit moderner Genetik in Einklang zu bringen sind. So kann es für Vogel auch kein Zufall sein, dass abgebildete Gefäße an »chemische Laborgeräte, Kolben oder Reagenzgläser« erinnern. Oder an anderer Stelle, wo der »Baum des Lebens« dargestellt ist, von dem Früchte und Wasser gespendet werden. »Wer von dem Lebenswasser trinkt und von den

Mischwesen hantieren am mehrfach gewundenen »Lebensbaum«, der dem Schema einer DNA-Doppelhelix gleicht. Enthalten solche Wiedergaben verschlüsselte Informationen über genetisches Wissen? (Bild: Erich von Däniken)

Himmelsfrüchten isst, wird auch nach dem Tode weiterleben«, schreibt dazu *Manfred Lurker* im »Lexikon der Götter und Symbole der alten Ägypter«. Was aber ist ein »Lebensbaum«, der nicht nur im alten Ägypten Verehrung fand? Aus den Mythen vieler antiker Völker wissen wir, dass dieser häufig mit »Fruchtbarkeit«, »Abbild des Kosmos« oder mit einem »lebenden Wesen« gleichgesetzt worden ist.

Der Mythenforscher Dieter Vogel erkennt hier erneut einen Realitätsbezug und vermutet, dass »der Baum des Lebens die DNA eines Menschen« symbolisiert. Die außergewöhnlichsten Illustrationen von diesem Wunderbaum sind im British Museum in *London* zu bestaunen: babylonische Tempelreliefs, die »Geflügelte Genien« und Mischwesen beim Hantieren am »Lebensbaum« zeigen. Er hat die geometrische Form einer mehrfach gestrickten

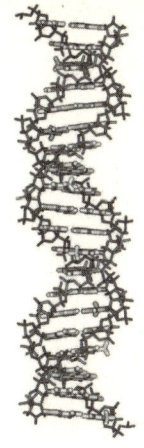

Die molekulare Grundlage der Vererbung: die DNA. Das Strukturmodell einer Doppelstrickleiter gleicht vorzeitlichen Fruchtbarkeitssymbolen. (Bild: Reinhard Habeck)

Leiter. Unwichtige Szenerie? Oder doch Genetiker der Vorzeit beim künstlichen Eingriff ins Erbgut? Vielleicht gilt das ebenso für ein anderes geheimnisvolles Zeichen, dem im ägyptischen Pfortenbuch besondere Bedeutung beigemessen wird. Es trägt den Namen *Metui* und heißt übersetzt »Lebenszeit«, »Doppelstrick« oder »Doppelgefäß« und wird als *doppelt gewundener Strick* dargestellt. Die DNA-Doppelhelix mit ihren Erbinformationen besagt nichts anderes.

Doch wie sollten die alten Ägypter imstande gewesen sein, mikrobiologische Strukturen von Körperzellen zu erkennen? Waren sie im Besitz spezieller Hochtechnologien? Oder wurde ihnen das Wissen von Superintelligenzen aus dem Kosmos vermittelt, wie Erich von Däniken und Mitstreiter behaupten? Aus fast allen Urschriften der Völker und Religionen geht hervor, dass himmlische Geschöpfe, die aufgrund ihrer Erscheinung und Handlungen als »Götter« angesehen wurden, einst die Menschen und andere Lebewesen geschaffen hätten.

Die Bibel liefert das bekannteste Beispiel dafür, im ersten Kapitel der Genesis, Vers 24, nachzulesen: »Und Gott sprach, lasset *uns*

Darstellung aus dem altägyptischen »Pfortenbuch«, 36. Szene: Der Doppelstrick symbolisiert die Lebenszeit. War damit der DNA-Erbträger in einer Zelle gemeint? (Bild: Archiv Reinhard Habeck)

Menschen machen, ein Bild, das *uns* gleich sei.« Weshalb spricht der Allmächtige in der Mehrzahl? War er nicht allein beim Schöpfungsakt? Tatsächlich ist in den hebräischen Urtexten nicht von *einem* Gott die Rede, sondern von den *Elohim*, die den Menschen *nach ihrem Ebenbilde* geformt hätten. »Der Plural Elohim ist Ausdruck der Zusammenfassung göttlicher Macht und Stärke in einem einzigen Gott. Später wurde Elohim als Appellativ dem Eigennamen Jahwe beigefügt und mit ihm gleichgesetzt«, erfahren wir dazu im »Lexikon der Mythologie« von *Gerhard J. Bellinger*. Im 2. Kapitel der Genesis, Vers 7, lesen wir weiter: »Da bildete Gott, der Herr (= Elohim!), den Menschen aus Staub der Ackerscholle und blies in seine Nase den *Odem des Lebens*; so ward der Mensch zu einem lebendigen Wesen.«

Noch interessanter wird es, als der Himmelvater dem ersten Menschen Adam eine »Männin« zur Seite stellt. Die Textstelle im

1. Buch Mose, Kapitel 2, Vers 21 bis 23 lautet: »Da ließ Gott der Herr einen tiefen Schlaf fallen auf den Menschen, und er schlief ein. Und er nahm eine seiner Rippen und schloss die Stelle mit Fleisch. Und Gott, der Herr, baute ein Weib aus der Rippe, die er von dem Menschen nahm, und er brachte sie zu Adam. Da sprach der Mensch: Das ist doch Bein von meinem Bein und Fleisch von meinem Fleisch; man wird sie Männin nennen, weil sie vom Manne genommen ist.«

Modern interpretiert wird hier eine *künstliche Mutation* von Genetikern beschrieben: Vor dem Eingriff hatte man Adam betäubt, Zellen wurden entnommen und ein neues Wesen daraus geschaffen. Mit der Manipulation am Erbgut werden Organismen beeinflusst, verändert oder Lebensformen produziert. Der Homo sapiens hat die Evolution in die Hand genommen und spielt nun selbst Gott. Damit eröffnen sich vorrangig in der Medizin neue bedeutende Chancen, aber auch Gefahren, die den Genetikern eine schwere Verantwortung auferlegen. Der wahre, einzige und allwissende Gott hätte mit der Menschwerdung aber keine Probleme haben dürfen, denn schließlich war er ja *allmächtig*. Einmal lässig mit den Fingern geschnippt, und schon wäre Adam erschaffen. Ein zweiter Fingerschnipper, und Eva stünde im Paradies. Stattdessen werden in der Heiligen Schrift komplizierte biologische Vorgänge beschrieben, die sich mit technischen Eingriffen von Medizinern vergleichen lassen. Untaugliche »Wunder«, jedenfalls für einen *allmächtigen* Schöpfergott, von dem es heißt, er habe das Universum geschaffen.

Für den amerikanischen Schriftsteller *Mark Twain* (1835–1910) gibt es dafür nur eine Entschuldigung: »Als Gott den Menschen schuf, war er bereits müde; das erklärt manches.«

Abgesang: Die Zukunftsfalle

»Ich bin nicht sicher,
mit welchen Waffen der dritte Weltkrieg ausgetragen wird,
aber im vierten Weltkrieg werden sie mit Stöcken
und Steinen kämpfen«
ALBERT EINSTEIN (1879–1955)

Wohin steuert das Wunder der Evolution? Nach den Prognosen über die Lebensdauer der Sonne bleiben der Erde und den auf ihr existierenden Lebensformen noch rund fünf Milliarden Jahre Zeit für Erneuerungen. Nehmen wir an, die Datierungen stimmen, dann wäre dies das Tausendfache des Weges vom Affen zum Menschen. Schon lange vorher wird aller Wahrscheinlichkeit nach der Mensch in seiner heutigen Form eine Fußnote in der Geschichte sein. Unbekannte neue Arten werden in den nächsten Jahrtausenden entstehen und die Erde bevölkern.

In der Urzeit war das nicht anders. Es gab keine konstante Entwicklung, sondern ein wechselndes Auf und Ab. Massensterben wie das der Dinosaurier und das sprunghafte Entstehen zahlreicher neuer Arten lösten sich ab, vermutlich durch schnelle Veränderungen in der Umwelt. Das Horrorszenario blieb auch fortschrittlichen Kulturen nicht erspart. Polsprünge, Eiszeiten, Erdbeben, Vulkane, Sintfluten und Killerasteroiden führten zu gewaltigen Klimakatastrophen. Für viele mythische Völker war das der Untergang. Sie verschwanden samt ihrem kulturellen Erbe im Dunkel der Geschichte.

Irgendwann droht auch unserer Zivilisation ein ähnliches Schicksal. Was wird dann von uns übriggeblieben sein? Nicht viel. Im

Jahr 49 v. Chr. ging beim Brand der Bibliothek von *Alexandria* mit 700 000 Papyrus-Schriftrollen das gesamte Wissen der Antike in Flammen auf. Heute bedarf es keines Feuers mehr, um Wissen, Fotos und andere »digitale Informationen« zu vernichten. Unsere modernen Speichermedien DVD, USB-Stick und CD-ROM haben ein kurzes Ablaufdatum. In wenigen Jahrzehnten ist das darauf gespeicherte Wissen nicht mehr abrufbar. Da waren alte Völker wie die Sumerer klüger. Sie haben ihr kulturelles Gedächtnis auf Tontafeln eingraviert, die noch Jahrtausende nach ihrem Untergang gelesen werden können. Aber die Daten auf einer Diskette? Die NASA beispielsweise kann heute auf die Konstruktionsdaten von Raketen nicht mehr zurückgreifen, weil die alten Datenträger nicht mehr zu lesen sind. So schnell kann es passieren, und technologisches Fachwissen ist verloren.

Wie würden Archäologen einer neuen Menschheit über uns denken, wenn sie angenommen in ein paar tausend Jahren auf Überreste unserer Gesellschaft stoßen? Würde man unsere Hinterlassenschaften richtig zu deuten wissen? Oder bekäme etwa eine schlichte Badewanne die wissenschaftliche Etikettierung »Heiliges Wasserbecken für kultische Handlungen«? Und eine CD-ROM? Wäre sie nichts anderes als ein »religiöses Amulett« oder eine »Kultscheibe der Götter«? Und ein Computerbildschirm bloß ein »Zauberspiegel, um mit Ahnengeistern in metaphysischen Kontakt zu treten«?

Genau vor diesem Problem stehen wir heute, wenn wir die Bruchstücke vom einstigen Wissen alter Kulturen zu entschlüsseln versuchen. Was wir über die Menschwerdung und versunkene Kulturen wissen, ist nur Stückwerk. Wie bei einem Puzzlespiel müssen die Teile oft mühsam zusammengesetzt werden. Wichtige Elemente fehlen. Wer kann wirklich ausschließen, dass es in grauer Vorzeit bereits hochentwickelte Kenntnisse gegeben hat? Eine Art Geheimwissen, von dem wir keine Ahnung mehr haben? Das müssen nicht zwingend Hightech-Geräte in unserem bekannten Sinne sein. Ebenso könnten Priester spezielle Methoden und Fähigkeiten entwickelt haben, um dieselben Dinge zu realisieren, die wir heute unter Verwendung unserer Hochtechnologie bewirken.

Archäologische Seltsamkeiten, wie in diesem Buch zur Diskussion gestellt, werden von Altertumsforschern gerne als »kultisch« und »magisch« umschrieben. Über den ursächlichen Verwendungszweck sagt das wenig aus. Es ist keine Schande einzugestehen, dass wir über viele Facetten unserer Frühgeschichte nichts Genaues wissen. Diese groben Lücken ohne dogmatische Grenzen zu schließen, sollte eine große Herausforderung für uns alle sein. Die vielleicht wichtigsten Eigenschaften, die dafür mitzubringen sind: Offenheit und Neugierde.

Nur wer die Vergangenheit kennt, kann die Zukunft gestalten, sagt ein Sprichwort. Wie es mit uns weitergeht, ist ungewiss. Wird die Erde eines Tages von genmanipulierten Mutanten beherrscht sein? Folgt die Transformation mit einer künstlichen Intelligenz? Ist der Exodus in Raumschiffen unvermeidlich? Werden andere Planeten in bewohnbare erdähnliche Himmelskörper umgewandelt werden? Wohin uns der biologische und technische Fortschritt letztlich führen wird, weiß niemand. Eines aber sagt der Hausverstand: Wenn die rigorose Umweltzerstörung weiterhin fortschreitet, könnten die Lebensgrundlagen auf der Erde in naher Zukunft so ungemütlich werden wie auf unserem Nachbarplaneten Venus. Das sind nicht nur utopische Prognosen von Schwarzmalern, Endzeitpropheten und skrupellosen Geschäftemachern, die aus Zukunftsängsten Profit schlagen. Der aktuelle Bericht des Weltklimarats der Vereinten Nationen liefert ausreichend Gründe zur Sorge. Wenn wir das Ruder nicht bald herumreißen, steuert der »vernunftbegabte« Homo sapiens schnurstracks in eine Sackgasse. Pessimisten befürchten, er steckt längst darin fest.

Trauriges Faktum: Unzählige Pflanzen- und Tierwelten sind bereits für immer ausgelöscht oder stehen unmittelbar davor. In der Evolutionsgeschichte hat es das immer wieder gegeben. Neu ist allerdings, dass eine Art namens Mensch diese Veränderung durch eine Politik der Gleichgültigkeit selbst herbeiführt. Die Verbrennung fossiler Energiequellen macht uns zum Hauptverursacher der globalen Erderwärmung. »Wer das Leben nicht schätzt, verdient es auch nicht«, mahnte das Universalgenie *Leonardo da Vinci* im 15. Jahrhundert. Begriffen haben das wenige. Die Konsequenz daraus: Der Mensch könnte früher, als ihm lieb ist, *selbst* auf der roten Liste der vom Aussterben bedrohten Arten stehen.

Der Klimawandel und seine globalen Auswirkungen auf unsere Umwelt sind aber nicht das einzige hausgemachte Problem, dem wir uns stellen müssen. Seit Kain und Abel wird die gesamte Menschheitsgeschichte von Krieg und Zerstörung begleitet. Die Unfähigkeit des Homo sapiens, aus der Geschichte zu lernen und künftige Entwicklungen richtig vorauszusehen, führte immer wieder zu verhängnisvollen Krisen. Waren es früher Auseinandersetzungen mit Pfeil und Bogen, sorgen heute Selbstmordattentäter, Terror und Atomwaffen für schlaflose Nächte.

Wie können wir die drohende Apokalypse abwenden? Mit einem radikalen Bewusstseinswandel und dem Lernen aus alten Fehlern! Nur so haben wir die Chance, aus dieser selbst verursachten »Zukunftsfalle« wieder herauszukommen.

»Die Frage ist, wie man die Menschheit überreden kann, in ihr eigenes Überleben einzuwilligen.« (Bertrand Russell, 1872–1970)

Nicht nur den Göttern sei gedankt!

»Wenn du mit Geld nicht bezahlen kannst,
bezahle wenigstens mit Dank.«
SPRICHWORT

An dieser Stelle ist es mir ein großes Anliegen und Vergnügen, vielen Menschen danke schön zu sagen. Ohne die Unterstützung wohlgesinnter Informanten, fachkundiger Experten und hilfreicher Freunde wäre die Fertigstellung dieses Buches nicht geglückt.

Allen voran danke ich Erich von Däniken. Als ich noch ein Jungspund war, entzündeten seine fantastischen Thesen in mir ein Flammenmeer. Seither lässt mich die Faszination des Unerklärlichen nicht mehr los. Diese Inspiration hat meinen beruflichen Werdegang in erfreulicher Hinsicht beeinflusst. Danke für den »zündenden Funken«, für die Unterstützung, für die Freundschaft und für das brillante Vorwort zu diesem Buch.

Die geduldigste Rolle beim Voranschreiten der Schreibarbeit übernahm meine »über-sinnliche« Freundin Elvira Schwarz aus Basel. Als erste »Testleserin« hatte sie Einblick in das Rohmanuskript und lieferte – wie schon bei vorangegangenen Titeln – wertvolle Anregungen für die weitere Abfassung.

Viele Mitarbeiter von Museen, Wissenschaftler, Historiker, Forscher, Fotografen und hilfreiche Freunde haben durch Textmaterial, Vermittlung oder Fotos zum Gelingen dieses Buches beigetragen. Ich nenne ihre Namen nachfolgend in alphabetischer Reihenfolge, was nicht besagt, dass die genannten Personen alle in diesem Buch vorgebrachten Thesen teilen müssen. Sollte ich jemanden übersehen oder einen akademischen Titel unterschlagen haben, wäre das höchst bedauerlich, aber leider kein Ding der Unmöglichkeit. Ich bitte in diesem Fall um gütige Nachsicht.

A.A.S. – Forschungsgesellschaft für Archäologie, Astronautik und SETI; Banco Central de Ecuador; Dr. Carl Baugh; Peter Belting; Dipl.-Finanzwirt Nicolas Benzin; Werner Betz; Booth Museum of Natural History, Brighton; Luc Bürgin; Cornelia von Däniken; Sabine Dell'mour; Klaus Dona; Dipl.-Bibl. Ulrich Dopatka; Anke und Horst Dunkel; Early Sites Research Society; Dr. Algund Eenboom; Robert Ernsting und Familie; Ariana Fiala und Walter Ernsting († 2005); Claudia und StR; Dipl.-Hdl. Peter Fiebag; Dr. Johannes Fiebag († 1999); Lars A. Fischinger; Adriano Forgione; Inge und Dipl.-Ing. Walter Garn; Giordano Bruno Gesellschaft e.V.; Prof. Dietmar Grieser; Ingrid und StR i. R. Willi Grömling; Prof. Jaime Gutierrez Lega; Renate und Walter Hain; Hartwig Hausdorf; Hunan Museum, Changsha; Hans-Peter Jaun; Dir. Dr. Willibald Katzinger; Mag. Dr. Jan Kiesslich; Peter Krassa († 2005); Kunsthistorisches Museum, Wien; Mag. Christiane Ladurner; Walter-Jörg Langbein; Dipl.-Arch. Dawoud Khalil Messiha; Prof. Dr. Khalil Messiha († 1999); Bernhard Moestl; Museo Arqueológicio Weilbauer, Quito; Museo de las Culturas Aborigines, Cuenca; Museum für Paläontologie, Moskau; Natural History Museum, London; Nordico – City Museum, Linz; Prof. Angelo Pitoni; Redaktion »HERA«, Rom; Dr. Ausilio Priuli; Redaktion »Mysteries«, Basel; Redaktion »Sagenhafte Zeiten«, Beatenberg; Dietmar Rücker; Runestone Museum, Kensington; Hans-Werner Sachmann; Rolf Schulte; Wolfgang Siebenhaar; Neil Steede; Ekkehard Steinhäuser und Familie; Oliver Stummer; Dipl.-Ing. Franz und Eveline Umgeher († 2007); Verlagsunion Pabel Moewig, Rastatt; Dieter Vogel; Andrea Weiss und Familie; Dr. Dipl.-Ing. Hans-Joachim Zillmer sowie Mitarbeiter des Projekts »Unsolved Mysteries«.

Nicht vergessen seien die »guten Geister« des Verlagshauses

Ueberreuter, darunter Martina Gutmann, Johann Pröll, Thomas von Sacken, Matthäus Salzer, Sonja Tüscher und Programmleiter Thomas Zauner. Meinem Lektor Dr. Wolfgang Straub gebührt besondere Anerkennung für seine konstruktive Zusammenarbeit und die aufmunternden Worte. Schließlich danke ich meinem Verleger Dr. Fritz Panzer sehr herzlich dafür, dass er die Herausgabe meines nunmehr dritten literarischen »Streiches« in Folge bei Ueberreuter ermöglicht hat.
Zu guter Letzt gilt mein Dank und meine Bewunderung den vielen kuriosen Dingen, die es eigentlich gar nicht geben dürfte, ohne die mein Leben vermutlich weniger aufregend und dieses Buch wohl nie geschrieben worden wäre.

Literatur und Links

Der erschossene Neandertaler

Biedermann, Hans (Hrsg.): *Rätselhafte Vergangenheit*, Luzern 1987

Burenhult, Göran (Hrsg.): *Die ersten Menschen*, Hamburg 1993

Gaede, Peter-Matthias (Hrsg.): *GEO kompakt – Die Evolution des Menschen*, Nr. 4, Hamburg 2005

Hausdorf, Hartwig: *Wenn Götter Gott spielen*, München 1997

Mauthner-Weber, Susanne: *An ihren Klingen sollt ihr sie erkennen*, in: »Kurier«, Wien, 16.1.2004

Meckelburg, Ernst: *Traumsprung*, München 1993

Probst, Ernst: *Rekorde der Urzeit*, München 1992

Woodward, Arthur Smith: *A New Cave Man from Rhodesia, South Africa*, in: »Nature«, Nr. 108, London 1921

www.freenet.de/freenet/wissenschaft/archaeologie/index.html

www.nhm.ac.uk

Der versteinerte Hammer

Baigent, Michael: *Das Rätsel der Sphinx*, München 1998

Baugh, Carl L.: *Why Do Men Believe Evolution – Against All Odds?*, Oklahoma City 1999

Bürgin, Luc: *Geheimakte Archäologie*, München 1998

Bürgin, Luc: *Rätsel der Archäologie*, München 2003

Ohne Autorenangabe: *Ein Biber aus der Urzeit nagt an den alten Theorien*, in: »Kurier«, 25.2.2006, Wien

Ohne Autorenangabe: *Massenaussterben: Meteorit freigesprochen*, in: »Der Standard«, 4.4.2006, Wien

Steede, Neil: *Why I Believe …*, Independence, Missouri, USA

Thompson, Richard L./ Cremo, Michael A.; *Verbotene Archäologie*, München 1994

Zillmer, Hans-Joachim: *Darwins Irrtum*, München 1998

Zillmer, Hans-Joachim: *Der fossile Hammer*, in: »Sagenhafte Zeiten«, Nr. 2, Beatenberg 1998

Zillmer, Hans-Joachim: *Die Evolutions-Lüge*, München 2005

wwwcreationevidence.org

www.evolution-mensch.de

www.mcremo.com

www.science.com

www.zillmer.com

Amphibische Anomalien

Brand, Illo (Hrsg.): *Unglaubliche Erscheinungen*, Luzern 1986

Clarke, Arthur C. (Hrsg.): *Geheimnisvolle Welten*, München 1981

Eberhard, Wolfram; *Lexikon chinesischer Symbole*, München 1983

Fort, Charles; *Das Buch der Verdammten*, Frankfurt am Main 1995

Hitching, Francis; *Die letzten Rätsel unserer Welt*, Frankfurt am Main 1982

Hövelmann, Kai; *Das neue Lexikon des Unerklärlichen*, Niedernhausen/Ts. 1988

Michell, John/Rickard, Robert J. M.; *Die Welt steckt voller Wunder*, Düsseldorf und Wien 1979

o. A.; *Geplatzte Kröten – weiter Rätsel um Todesursache*, in: Hamburger Abendblatt, 21. April 2005

Shuker, Karl P. N.; *Weltatlas der rätselhaften Phänomene*, Bindlach 1996

Zillmer, Hans-Joachim; *Irrtümer der Erdgeschichte*, München 2001

www.paranews.net

www.sagen.at

www.forteantimes.com

Das Geheimnis von Mawangdui

Fu, J./Chen S.; *The Cultural Relics Unearthed from the Han Tombs at Ma Wang Dui*, Hunan 1992

Habeck, Reinhard; *Wundersame Plätze in Österreich*, Wien 2007

Hausdorf, Hartwig/Krassa, Peter; *Satelliten der Götter*, München 1995

Krassa, Peter; *Sie kamen aus den Wolken*, Rottenburg 2003

Scheck, Frank Rainer; *DuMont Kunstreiseführer – Volksrepublik China*, Köln 1995

Temple, Robert K. G.; *Das Land der fliegenden Drachen*, Bergisch-Gladbach 1990

Die embryologische Scheibe

Coe, Michael D. (Hrsg.): *Amerika vor Kolumbus*, München 1986

Däniken, Erich von (Hrsg.): *Jäger verlorenen Wissens*, Rottenburg 2003

Däniken, Erich von; *Strategie der Götter*, Düsseldorf–Wien 1982

Froese, Gesine; *Richtig Reisen – Kolumbien, Ecuador*, Köln 1998

Goerdeler, Carl D.; *Südamerika – Reisen mit Insider-Tipps*, Ostfildern 1997

Habeck, Reinhard/Dona, Klaus; *Im Labyrinth des Unerklärlichen*, Rottenburg 2004

Habeck, Reinhard; *Die letzten Geheimnisse*, Wien 2003

Jaun, Hans-Peter; *Eine Schrift vor der Schrift?*, Diplomarbeit, Universität Basel, Steffisburg–Basel 2007

Scharner, Michael; *Eine Tonscheibe mit genetischer Botschaft verblüfft die Welt*, in: »Das Neue Zeitalter«, Nr. 23, Hamburg 1987

www.mysteria3000.de

Die elektrische Vase

Chassinat, Emile; *Le Temple de Dendera*, Kairo 1934

Dümichen, Johannes; *Baugeschichte des Denderatempels und Beschreibung der einzelnen Teile des Bauwerks*, Straßburg 1877

Fiebag, Peter; *Der Götterplan*, München 1995

Helck, Wolfgang/Otto Eberhard; *Kleines Wörterbuch der Ägyptologie*, Wiesbaden 1970

König, Wilhelm; *Im verlorenen Paradies – Neun Jahre Irak*, Baden-Wien 1940

Krassa, Peter/Habeck, Reinhard; *Das Licht der Pharaonen*, München 1992

O.A.; *Knisternde Funken*, in: »Der Spiegel«, Nr. 40, Hamburg 1978

Stadtmuseum Linz & Schloss Schallaburg (Hrsg.): Katalog zur Ausstellung *Sumer, Assur, Babylon*, Mainz 1978

Thomas, Andrew; *Wir sind nicht die ersten*, Bergisch-Gladbach 1979

Thumshirn, Werner; *Die ›Urbatterie‹ sollte bloß Dämonen abwehren*, in: »Frankfurter Allgemeine Zeitung«, Ausgabe v. 23.7.1986

Wylkop, Jens; *Kleine Experimente – Alfried Krupp Schülerlabor der RUB wurde eröffnet*, in: »Rubens«, Nr. 87, Bochum, April 2004

http://fischinger.alien.de

www.saeti.at

Der antike Computer

Däniken, Erich von; *Erinnerungen an die Zukunft*, Düsseldorf–Wien 1968

Däniken, Erich von; *Im Namen von Zeus*, München 1999

Dendel, Jörg; *Die Maschine von Antikythera*, in: »G.R.A.L.«, Ausgabe Nr. 2, Berlin 1994

Eschbach, Andreas; *Das Jesus Video*, München 1998

Groth, Klaus Ulrich; *Archäologische Schattenwissenschaft*, in: »Ancient Skies«, Ausgabe Nr. 2, Beatenberg 1997

Habeck, Reinhard; *Das Unerklärliche – Mysterien, Mythen, Menschheitsrätsel,* Wien 1997

o. A.; *Die Computertechnologie der alten Griechen*, in: »Neue Zürcher Zeitung«, Zürich, 23.6.2006

Solla Price, Derek von; *An Ancient Greek Computer*, in: »Scientific American«, New York, Juni 1959

Solla Price, Derek von; *Gears from the Greeks – The Antikythera Mechanism – A Calendar Computer from ca. 80 B. C.*, New York 1975

Vonarburg, Barbara; *Geheimnisvoller, antiker Computer enträtselt*, in: »Tages Anzeiger«, Zürich, 2.12.2006

www.antikythera-mechanism.gr

Die Taube, die ein Flugzeug ist

Däniken, Erich von; *Meine Welt in Bildern*, Düsseldorf–Wien 1973

Ditfurth, Hoimar von; *Als Modell wird sein Beweisstil gefährlich*, in: »Boehringer Kreis«, Ausgabe Nr. 3, Mannheim 1977

Fiebag, Peter/Eenboom, Algund/Belting, Peter; *Die Flugzeuge der Pharaonen*, Rottenburg 2004

Fiebag, Peter/Fiebag, Johannes; *Aus den Tiefen des Alls*, Tübingen 1985

Habeck, Reinhard; *Hochtechnologie der Frühzeit*, Wien 2001

Heimlich, Rüdiger/Weidenbach, Thomas; *Im Schatzhaus der Pharaonen – Das ägyptische Museum in Kairo*, WDR-ARTE-Dokumentation, Köln, ausgestrahlt am 14.12.2007

Ions, Veronica; *Ägyptische Mythologie*, Klagenfurt 1988

Krassa, Peter/Habeck, Reinhard; *Licht für den Pharao*, Luxemburg 1982

Messiha, Khalil; *Flying in Ancient Egypt*, Manuskript, herausgegeben von Dawoud K. Messiha, Heliopolis 1999

www.egyptianmuseum.gov.eg

Die »Goldflieger« aus Kolumbien

Burenhult, Gören (Hrsg.): *Die Kulturen der Neuen Welt*, Augsburg 2000

Däniken, Erich von; *Auf den Spuren der Allmächtigen*, München 1993

Eenboom, Algund; *Über den Gipfeln der Anden*, in: »Sagenhafte Zeiten«, Nr. 1, Beatenberg 1998

Fiebag, Peter/Gruber, Elmar/Holbe, Rainer; *Mystica – Die großen Rätsel der Menschheit*, Augsburg 2007

Schirawski, Nicolai; *Rätselhafte Funde*, in: »P-M.-Magazin«, Ausgabe Nr. 7, München 2003

Spranz, Bodo; *Versunkene Kulturen*, Broschüre des Überseemuseum Bremen, Bremen 1958

Steinbauer, Friedrich; *Melanesische Cargokulte*, München 1971

The National Geographic Society; *Wunder der antiken Welt*, Augsburg 1998

www.banrep.gov.co/museo/eng/home4.htm
www.mysteryperu.com
www.uebersee-museum.de

Die Prä-Astronauten

Bürgin, Luc; ZDF: ›Besaßen die Maya bereits Tauchgeräte?‹, in: »Mysteries«, Nr. 3, Basel 2006

Bussel, Gerard W. van; *Der Ball von Xibalba – das mesoamerikanische Ballspiel*, Museum für Völkerkunde, Wien 2002

Däniken, Erich von; *Reise nach Kiribati*, Düsseldorf–Wien 1981

Dopatka, Ulrich (Hrsg.): *Sind wir allein?*, Düsseldorf 1996

Easby, Elisabeth K./Scott, John F.; *Before Cortés – Sculpture of Middle America*, The Metropolitan Museum of Art, New York 1970

Eckhardt, Rudolf; *Auf der Straße nach Xibalba*, in: G.R.A.L., Nr. 5, Berlin 1992

Habeck, Reinhard; *Geheimnisvolles Österreich*, Wien 2006

Habeck, Reinhard, u. mitwirkende Autoren; *Unsolved Mysteries – Die Welt des Unerklärlichen*, Ausstellungskatalog, Wien 2001

Krassa, Peter; *Als die Gelben Götter kamen*; München 1973

Ladurner, Christiane; *Begegnung mit dem Fremden*, Magisterarbeit, Universität Wien, November 1998

Leal, Marcia Castro; *Archäologie in Mexiko*, deutsche Ausgabe, Florenz 1999

Lurker, Manfred; *Wörterbuch der Symbolik*, Stuttgart 1991

Ragghianti, Carlo Ludovico (Hrsg.): *Berühmte Museen – das Nationalmuseum für Anthropologie und Geschichte Mexiko City*, Vaduz 1976

Solis, Felipe; *Nationales Anthropologisches Museum*, deutsche Ausgabe, Florenz 1999

Willis, Roy; *Mythen der Welt*, München 1994

http://tatjana.ingold.ch
http://unsolved-mysteries.info
www.daniken.com
www.sagenhaftezeiten.com

Das Nomoli-Rätsel

Bodrogi, Tibor (Hrsg.): *Stammeskunst*, Band 1 und 2, Budapest 1981

Dieterlen, Germaine; *Les Ames des Dogons*, Paris 1941

Forgione, Adriano; *Gli Angeli Caduti da Atlantide*, in: »Hera«, Rom, März 2003

Habeck, Reinhard; *Nomoli – die Hüter der »Himmelsteine*, in: »Sagenhafte Zeiten«, Nr. 5, Beatenberg 2001

Knappert, Jan; *Lexikon der afrikanischen Mythologie*, München 1995

Parker, Geoffrey (Hrsg.): *Große illustrierte Weltgeschichte*, Wien 1995

Phillips, Tom (Hrsg.): *Africa, the art of a continent*, Royal Academy, London 1995

Pitoni, Angelo; *Il Mistero della Vita*, Rom, ohne Jahresangabe

Temple, Robert K. G.; *Das Sirius-Rätsel*, Frankfurt am Main 1977

Wood, Michael (Hrsg.): *Der große Bildatlas der Archäologie*, München 1991

Zick, Michael; *Älteste Keramik in Mali entdeckt*, in: »SonntagsZeitung«, Zürich, 14.1.2007

www.britishmuseum.org
www.museoartescienza.com
www.echtheit-afrikanischer-kunst.de

Der Runenstein von Kensington

Berlitz, Charles; *Geheimnisse versunkener Welten*, Frankfurt am Main 1973

Fitzhugh, William W./Ward Elisabeth. I.; *Vikings: The North Atlantic Saga*, Washington 2000

Furneaux, Rupert; *Die großen Rätselfragen*, Frankfurt am Main 1977

Heyerdahl, Thor; *Expedition Ra*, München 1971

Heyerdahl, Thor; *Kon-Tiki*, Wien 1949

Holand, Hjalmar R.; *The Kensington Stone*, Wisconsin 1932

Holroyd, Stuart/Lambert, David; *Rätselhafte Funde der Geschichte*, Glarus 1979

Ingstad, Helge; *Die erste Entdeckung Amerikas*, Frankfurt am Main 1983

Joseph, Frank; *Wikinger vor Kolumbus in Amerika*, in: »Mysteries«, Nr. 6, Basel 2006

Langenberg, Inge; *Die Vinland-Fahrten: die Entdeckungen Amerikas von Erik dem Roten bis Kolumbus*, Köln 1977

Morris, Edmund und Mitautoren; *Auf den Spuren der Entdecker*, Stuttgart 1980

Smiley, Jane; *Die Grönlandsaga*, Frankfurt am Main 1992

Wolf, Geronimo; *Skandinavien – Auf den Spuren der Wikinger*, München 1990

Zillmer, Hans-Joachim; *Kolumbus kam als Letzter*, München 2004

www.kensingtonrunestone.com
www.runestonemuseum.org

Die Chronik des Chonsumes

Bellinger, Gerhard J.; *Lexikon der Mythologie*, München 1989

Cernaj, Ingeborg und Josef; *Am Anfang war Dolly*, München 1997

Däniken, Erich von; *Der jüngste Tag hat längst begonnen*, München 1995

Dopatka, Ulrich; *Die große Erich von Däniken Enzyklopädie*, Düsseldorf–München 1997

Farkas, Viktor/Krassa, Peter; *Lasset uns Menschen machen*, München 1985

Fuss, Thomas H.; *Spezies Adam*, Marktoberdorf 2001

Hornung, Erik (Übersetzer); *Die Unterweltsbücher der Ägypter*, Düsseldorf–Zürich 1997

Jung, Ernst F.; *Der Weg ins Jenseits*, ohne Jahresangabe

Kunsthistorisches Museum Wien (Hrsg.): *Führer durch die Sammlungen*, Wien 1988

Lurker, Manfred; *Lexikon der Götter und Symbole der alten Ägypter*, Bern–München–Wien 1987

Luther, Martin (Übersetzer); *Die Bibel oder die ganze Heilige Schrift des Alten und des Neuen Testaments*, Wien 1972

Posener, Georges (Hrsg.); *Knaurs Lexikon der ägyptischen Kultur*, München–Zürich 1978

Satzinger, Helmut; *Das Kunsthistorische Museum in Wien – Die Ägyptisch-Orientalische Sammlung*, Mainz 1994

Schneider, Eberhard; *Interview* in »G.E.A.S.-Forum«, Ausgabe Nr. 3, Delmenhorst 1998

Vogel, Dieter; *Der 7. Tag der Schöpfung*, Hohenpeißenberg 1996

Vogel, Dieter; *Die Entdeckung der Urmatrix*, in: »Verlorenes Wissen«, Wilhelmshorst 2001

Vogel, Dieter; *Die Gilde der kosmischen Former*, Greiz o. J.

Witstruk, K.-G./Zernahle, K.; *Nachweis eines Ziegen-Schaf-Bastards*, in: »Biologische Rundschau«, Jena 1982

www.genome.gov
www.giordano-bruno-gesellschaft.de
www.khm.at
www.urmatrix.de

Zum Abschluss eine Bitte des Autors:

Liebe Leserinnen, liebe Leser!

Sind Sie selbst ein »Grenzgänger des Fantastischen«? Haben Sie Dinge erlebt, die Sie zuvor für denkunmöglich gehalten hatten? Wissen Sie von einer »unmöglichen« Entdeckung, die Rätsel aufgibt? Oder sind Sie sogar selbst im Besitz eines kuriosen Gegenstandes mit ungeklärter Herkunft und Bedeutung? Dann würde ich mich freuen, wenn Sie mir schreiben. Alle Angaben werden vertraulich behandelt. Sie erreichen mich direkt unter meiner E-Mail-Adresse: reinhard.habeck@chello.at